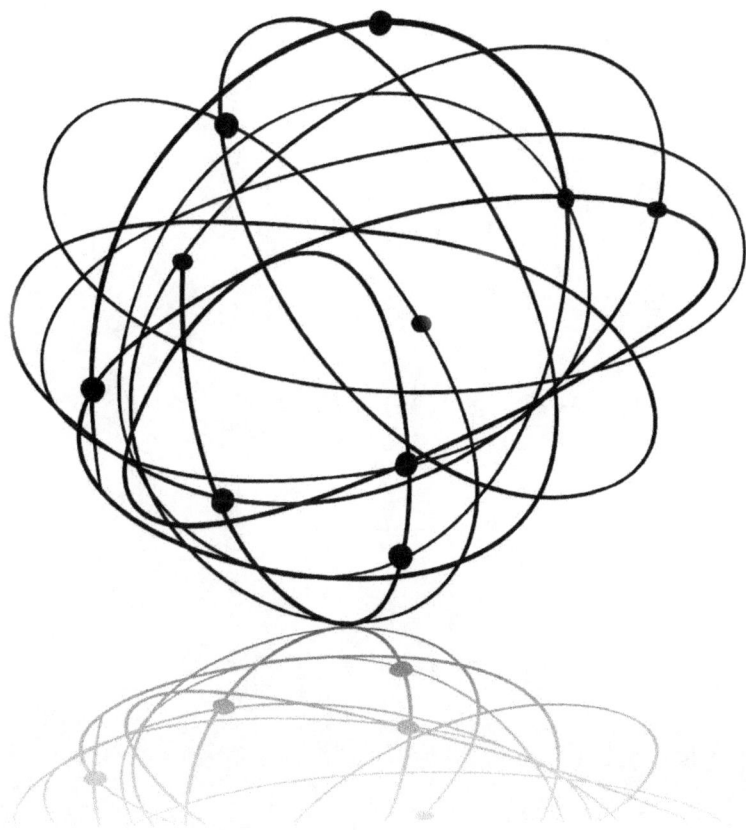

Este Libro tiene el poder de cambiar tu vida, date la oportunidad de descubrir la capacidad que hay en ti de vivir una vida en balance y llena de alegría.

LIBRO DE TRABAJO

BALANCE

El Poder de una Vida Balanceada

EDGAR J. RODRÍGUEZ

PÁGINA LEGAL

BALANCE
El poder de una vida balanceada

Edgar J. Rodriguez
info@edgarjrodriguez.com
www.edgarjrodriguez.com

Editorial: The promise life
Corrección: Pilar Domingo
AL Kury
Yurniel Lahera Villa

Fotografía: www.bigstockphoto.com
Diseño de portada: Edgar J. Photography
Diseño interior: Edgar J. Photography

ISBN-13: 978-0692540954
ISBN-10: 0692540954

DEDICADO A:

Querida y amada abuela, te dedico este libro porque, entre todas las personas que han pasado por mi vida, sin duda alguna tú eres la más importante. Tú me has enseñado la importancia de creer y dar sin esperar nada a cambio, tú dedicaste tu vida al servicio de los demás sin recibir aplausos o elogios. En silencio dedicaste tu vida a cuidar de tu madre hasta el último de sus días, criaste a tus dos hijos y cuando se suponía que tu trabajo había terminado, empezaste una vez más conmigo. Tú siempre has estado a mi lado para educarme de una manera amorosa y paciente. Hoy recuerdo, como si fuera ayer, cuando me quemé la pierna con fuegos artificiales. Ése fue un año de mucho dolor, pero tú estuviste siempre a mi lado cada vez que cortaban un pedacito de la piel de mi pierna a lo largo del año: no importaba qué tan duro yo gritara y cuánto llorara, tú siempre tenías las palabras perfectas para calmar el dolor que había en mi corazón. Es cierto que la pierna me seguía doliendo, pero tus manos cálidas eran como un ungüento con el poder de curarlo todo. ¡Oh abuela querida, cuánto te he extrañado en estos años que he estado viviendo en Houston, Texas!

Le doy gracias a Dios por haberme puesto en tus brazos. Aunque para muchas personas el hecho de que sus padres se divorcien y ninguno de los dos pueda o quiera criarle puede constituir una tragedia, para mí fue una bendición y doy gracias a Dios porque permitió que fueras tú quien me criara. Y te doy gracias por aceptar la misión de educarme.

Chon buela… La bendición abuela.

AGRADECIMIENTOS

Recuerdo un día en que estaba conversando con un amigo, el cual es muy exitoso en su carrera y por lo que a mí concierne, también en su vida familiar. En aquella conversación mi amigo comentó: "Todo lo que he logrado ha sido con mi propio esfuerzo, lo he logrado todo solo, sin ayuda de nadie." Quizás tú hayas hecho un comentario parecido o lo hayas escuchado de otra persona.

Me tomó unos minutos recuperarme del comentario, yo creo que esta clase de pensamiento está totalmente errado. No hay manera de que una persona llegue a alcanzar ninguna meta por sí sola. Tal es así que, sin la ayuda de otras personas, tú no estarías leyendo este libro. Hubo alguien en tu vida que te alimentó; te enseñó a caminar y te protegió cuando estabas indefenso en tu infancia; alguien más te enseñó a leer y gracias a esas personas, hoy puedes tomar la decisión de leer este libro.

De la misma forma, hay personas que durante toda tu vida colaboran de una manera directa o indirecta, para que puedas alcanzar tus metas. De igual modo, para terminar este libro necesité de la intervención y ayuda de muchas personas. Por esta razón es tan importante para mí dar gracias a todos aquellos que de una forma u otra han colaborado en mi vida: es gracias a ellos, que hoy escribo este libro.

Pero lo más importante en este momento es darles las gracias a los que me ayudaron directamente con este proyecto, que para mí significa tanto.

Primero quiero dar gracias a Dios por haberme permitido llegar adonde estoy hoy, es cierto que el trayecto no fue siempre un paseo por el parque, pero aunque hubo momentos muy duros y difíciles, la suma de los buenos y los malos momentos dio por resultado lo que hoy soy, y de esto estoy muy orgulloso.

A mi esposa:

Tú me has apoyado incondicionalmente en todos los proyectos de mi vida durante los últimos 20 años, siempre haciéndome sentir que yo puedo alcanzar las estrellas si me lo propongo.

Los recuerdos de todas las veces que me diste el 200% ocupan mi mente y mi corazón. El hecho de que estés a mi lado ya es una victoria para mí, porque en el mundo hay pocas mujeres como tú.

Una vez más, gracias por apoyarme y ayudarme en todos mis proyectos y sueños. Te amo.

A mis hijos:

Ella, Samuel y Edgar Jr.; ustedes son mis prendas preciosas, mis joyas, mis tesoros. Ustedes no tienen que hacer nada para que yo esté agradecido: el regalo mas grande que he recibido de Dios son ustedes, mis mayores Bendiciones…. lo que es motivo para agradecer y celebrar.

Tengo que darles las gracias por su paciencia y comprensión, por haberme permitido aislarme en mi oficina durante horas. Hoy recuerdo lo gracioso que era cuando al final de la jornada, después de múltiples horas de estar escribiendo, ustedes empezaban a decirme todo lo que había pasado en el día y todas las cosas que ustedes querían, a una velocidad que ni un locutor profesional podría hacerlo.

Ella, cada día que pasa estoy más orgulloso de ti. Has crecido más rápido de lo que yo quisiera, mil veces te he dicho que tú eres la niña de mis sueños. Quizás nadie me llegue a creer que mientras estabas en el vientre de tu madre yo soñaba contigo casi a diario; en las mañanas le describía a tu madre cómo eras, ella solo sonreía frente a mi imaginación, pero para mi sorpresa, cuando te vi por primera vez, eras exactamente como la niña de mis sueños. Te amo.

Samuel, gracias por haber entrado a mi oficina con un plato de frutas; tu atención a los detalles y a las necesidades de los demás te hace ser una persona muy especial, no solo para mí, sino también para todos lo que te conocen. Ese día en que me trajiste las frutas yo estaba muerto de hambre, pero estaba tan concentrado en el trabajo que ni siquiera me había enterado de cuánta hambre tenía, sin embargo tú sí estabas pendiente. Te amo.

Edgar Jr., hijo, hoy ya eres un hombre y aunque no hemos compartido tanto como yo hubiese querido, siento que siempre has estado a mi lado. Muchas veces, cuando te escucho, me haces recordar mi juventud porque tú no solo te llamas como yo y te pareces increíblemente a mí, físicamente, sino que más de una vez sales con las mismas ocurrencias que tenía yo cuando era joven. Cada vez que fuiste a la guerra sirviendo a nuestro país yo me moría de miedo, y te soy sincero, si en ese momento me hubiesen dado la opción de impedirte ir a la guerra la hubiese tomado, pero hoy me siento muy orgulloso y agradecido por tu servicio a la patria.

Te deseo lo mejor y sé que cuando salgas de la universidad serás un gran profesional y un buen hombre. Te amo.

Alex Miniel, para darte las gracias a ti necesitaría escribir un libro, el cual titularía, "Como tú no hay dos"; es que me has dado la inspiración, el apoyo y el coraje para empezar y terminar este proyecto. No te considero un amigo porque eres un hermano. Te amo.

Brooke Polk, tú creíste en este proyecto antes que fuera una realidad, abriste las puertas de la compañía en que trabajas para que yo pudiera poner en práctica este material, incluso cuando todavía no estaba terminado. Gracias.

Renee Muzerie, recuerdo cuando un día dijiste "Tú deberías poner todos tus conocimientos en un libro". Bueno, aquí está el libro, tus palabras se convirtieron en una realidad. Gracias.

Gabriel Díaz y Gladys de Díaz, gracias por su cariño y amistad. Gladys, siempre he disfrutado nuestras charlas y tus buenos consejos. Gracias.

En la medida que escribo los agradecimientos más y más nombres llegan a mi corazón; es que soy muy afortunado por contar con tantas personas que han estado a mi disposición para completar este material, así que voy tratar de nombrar a las más importantes. *Marvin Marcano, Jessica Viqueira, Carolina Sosa, Yurniel Lahera Villa:* a todos ustedes muchas, muchas y muchas gracias por su apoyo incondicional. Sin todos ustedes mi sueño de ayudar a otros a vivir una vida balanceada sería solo un sueño.

"Elige ser positivo, constructivo. El optimismo es el hilo conductor hacia el èxito" -Bruce Lee

Contenido

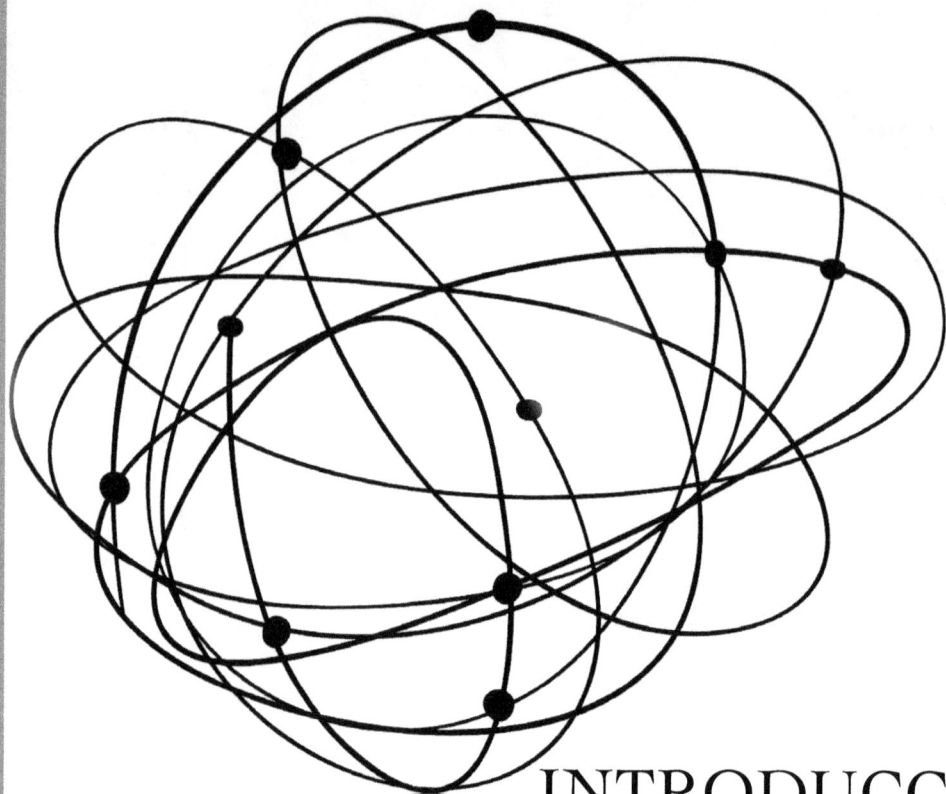

INTRODUCCIÓN

¿Alguna vez te has sentido desilusionado y cansado de tu vida? Alguna vez has sentido que el mundo está en tu contra; que nada se concreta por más que lo intentes? Si alguna vez te has sentido de esa manera, entonces este material es para ti.

Toda mi vida -de una forma u otra- la he dedicado a buscar una respuesta al porqué de las cosas, al porqué de la vida misma; pero estuve buscando en los lugares equivocados y es por eso que me tomó tanto tiempo encontrar una respuesta. He creado este material para evitar que tú pierdas el tiempo buscando en los lugares equivocados.

La diferencia de este libro con respecto a otros, es que cubre las cinco áreas indispensables para hacer realidad tus sueños. Mucho se ha escrito acerca de algunas de las áreas que desarrollo en este libro, pero nunca antes se había puesto todo de forma práctica como lo hago aquí. Quizás en algunos momentos te pueda parecer que es mucho trabajo, pero si completas todos los ejercicios que te propongo y los sigues al pie de la letra, te prometo que tu vida dará un giro de 180 grados: ¡date la oportunidad de vivir la vida de tus sueños!

Desde pequeño mis padres me llamaban "el soñador", pero muchas veces no como un halago, sino más bien como un reproche: "Niño, deja de pensar en las nubes, baja a la realidad". A medida que fui creciendo, empecé a destacarme por mi actitud positiva: siempre veía lo bueno e ignoraba lo malo. Sin embargo mis padres, o mejor dicho mi papá, siempre insistía en que dejara de soñar y fuera más realista. Yo pensaba que esto no me había afectado, pero estaba equivocado y llegó un momento de mi vida en que me encontré luchando contra mí mismo para actuar como mi papá quería que lo hiciera. Cuanto más lo intentaba era cuando más infeliz era. Cuando me enfocaba en lo positivo y perseguía mis sueños, no solo era feliz, sino que todos se preguntaban cómo era posible que obtuviera todo lo que quería: ¡parecía que nada era imposible para mí!

En el año 2007 decidí mudarme a Houston (Texas). Fue un tiempo de mucha confusión donde las cosas no me salían tan bien como antes sino todo lo contrario. Esa situación hizo que me llenara de miedos. Estaba viviendo en un país que no era el mío, con una cultura extraña para mí, con un idioma que no dominaba y las cosas iban de mal en peor. Llegué a un punto de desesperación y hasta pensé en el suicidio, pero descarté esa opción porque tengo tres hijos que amo y dejarlos librados a su propia suerte no era una alternativa.

Ya que no tenía la opción de rendirme, opté por luchar y salir adelante, para ello empecé a leer toda clase de libros que me pudieran ayudar a salir del abismo en que me encontraba. Pero no encontré la solución en ninguno de los cientos de libros que leí en los últimos 7 años. De todos modos, en cada uno de ellos encontré una respuesta a una o más de las incertidumbres que estaba viviendo. Esos conocimientos que adquirí, junto a mis años de experiencia como estudiante del seminario, como comerciante exitoso y apasionado por la búsqueda

de una respuesta al porque somos como somos, me llevaron a seguir estudiando y convertirme en un *life coach*. Hoy me doy cuenta de que ese tiempo de desierto fue necesario para que yo pudiera encontrar mi pasión de vida.

"La fuerza y el crecimiento provienen solo a través del esfuerzo y la lucha continua."
Napoleón Hill

Hoy estoy viviendo momentos de suma alegría, disfrutando las cosas que más me apasionan: mi familia, mis amigos, mi carrera como *life coach* y *conferencista motivacional.*

Es cierto que me llevó siete años de caída tras caída entender qué lo estaba haciendo mal; entender que no estaba viviendo como lo había hecho toda mi vida, con una mentalidad positiva y persiguiendo mis pasiones. Todo lo que aprendí durante esos siete años está en este libro: mis pensamientos, las lecciones, y las prácticas que me han llevado al éxito emocional, espiritual, familiar, económico y profesional.

El poder de una vida balanceada es más que un libro: es un manual de vida. Los ejercicios contenidos en el mismo no son para hacerlos una vez y olvidarlos; este libro será tu guía para siempre, porque no importa en qué etapa de la vida te encuentres, siempre podrás aplicar las técnicas que se encuentran en él.

No pretendo ser un gurú. En mi carrera como *life coach* he aprendido a escuchar y a hacer las preguntas correctas para ayudar a mis clientes a encontrar la respuesta a todos sus problemas y descubrir la mejor ruta al éxito. De la misma manera e diseñado este material; en él hago las preguntas correctas con la intención de ayudarte a encontrar la mejor ruta al éxito. Tú eres el arquitecto de tu vida; yo solo te doy las herramientas y tú diseñas la vida que siempre has querido vivir.

Mi legado y propósito en la vida es ayudar a la mayor cantidad posible de personas. Como *life coach,* solo puedo ayudar a una persona a la vez, es por esto que he diseñado este material con la intención de alcanzar a muchas más personas; así que si descubres que este material puede ayudar a alguien más, es tu deber ponerlo en sus manos y compartir tu experiencia.

El material está dividido en cinco partes o etapas:

1) EL SUEÑO: Esta parte es la que a mí más me gusta, porque es como vivir en un mundo donde todo es posible y puedo disfrutar sin limitaciones. No obstante, hay un secreto oculto en esta etapa y solo tú lo puedes descubrir.

2) DÓNDE ESTOY: Es tiempo de descubrirnos y de saber quiénes somos en verdad. Aunque no lo creas, no sabemos quiénes somos ni cómo llegamos a donde estamos; ni por qué vivimos el día a día como cometa que se deja llevar por el viento. Descubrir quiénes somos es de suma importancia en el camino de convertimos en quienes queremos ser.

3) EL PLAN: Si no tenemos un plan, de hecho estamos planeando el fracaso, porque siempre habrá un mañana. Más allá de que lo planeamos o no, el próximo año va ha llegar y esta etapa ayuda a que pueda ser el mejor año de tu vida.

"Planear es traer el futuro al presente, para que pueda hacer algo al respecto hoy."
Alan Lakein.

4) ACTUAR: Un plan sin acción es como un velero sin viento; lo arrastra la corriente, y la corriente muchas veces va hacia las rocas, donde los sueños tanto como las metas se estrellan y naufragan. En esta parte aprenderás a tomar el control de tus acciones, avanzar paso a paso, porque el único paso que importa es el próximo paso a dar.

5) CREER: Si alguna vez has viajado en avión, barco, tren o auto, sabes que no importa hacia dónde te diriges, porque desde el punto donde te encuentras no puedes ver tu destino. Pero aun así, partes. Estás seguro de que con un mapa o un GPS vas a llegar. Lo mismo sucede en tu vida: si sabes adónde quieres ir, si sabes dónde estás, si tienes un plan y estás en el auto conduciendo hacia tu destino, confía en tu GPS que él te llevará al lugar al que deseas llegar. Este libro es como un GPS, que te llevará a vivir una vida balanceada, en la cual todas las áreas importantes estarán cubiertas y en armonía con tus sueños.

"Lo mejor está por llegar, siempre y cuando tú mismo lo quieras"

¿QUÉ ES ESTE LIBRO?

En mi caminar por la vida he tenido la oportunidad de ayudar a otros con mis ideas y consejos, a pesar de tener la capacidad de ayudar, me he encontrado en situaciones emocionales de las cuales me ha dado mucho trabajo salir. Y si bien es cierto que he sufrido en carne propia el hecho de no tener la actitud correcta en el momento preciso, reconozco que está en mis manos el poder salir de cualquier situación en que me encuentre. Sé que muchas veces no podemos ver la salida, es por eso que una mano amiga siempre es importante. Mi deseo es que este libro sea la mano amiga que yo te extiendo. Hoy me atrevo a decir que he vuelto a tomar el control de mi vida, y es por eso que me atrevo a vivir mi más grande pasión: ayudar e inspirar a otros a alcanzar la felicidad.

Hoy puedo ver todo desde otro ángulo y le doy gracias a la vida por la oportunidad de haber pasado por tribulaciones que en su momento parecía que nunca iban a terminar. Hoy reconozco que esos momentos fueron la mejor escuela para aprender a entender lo que sienten aquellos que están estancados en una vida sin sentido, llena de sufrimiento, desilusión y frustración. No importa en el lugar emocional, económico, profesional o espiritual en que te encuentres, siempre hay una salida, aunque muchas veces pareciera que no la hay. Créeme que siempre hay una salida: en este libro he incluido todos los pasos que yo di para lograr salir de la fosa emocional en que me encontraba.

El doctor Viktor E. Frankl fue el fundador de lo que se ha dado en llamar la Tercera Escuela Vienesa de Psicoterapia (Logoterapia). En su libro *"El hombre en busca de un sentido"* (Man's Search for Meaning), relata la historia de uno de sus compañeros en el campo de concentración nazi, a quien en el libro llama F. Según cuenta Frankl, en febrero de 1945, F. había tenido un sueño que él mismo describió como "esperanzador". Para cuando F. le narró su sueño al doctor Frankl ya era principios de marzo. F. le contó que en su sueño sería liberado el 30 de marzo. El doctor Frankl recuerda que en ese momento F. estaba lleno de esperanza y confiado en que su sueño se haría realidad; sin embargo, a medida que llegaban más noticias de la guerra al campo de concentración, menos probable parecía que fueran liberados el día prometido. El 29 de marzo F. se enfermó repentinamente con fiebre muy alta; el 30 de marzo -el día que según la profecía serían liberados- F. empezó a delirar y perdió la conciencia; y el 31 de marzo murió[1] *aparentemente* de tifus.

Pero cabe otra explicación para la muerte de F. como dice el doctor Frankl, cuando una persona pierde toda esperanza su sistema inmunológico decae de tal manera que el cuerpo se vuelve muy susceptible a infecciones. Durante todo el tiempo que estuvo en el campo de concentración nazi Frankl pudo observar que este fenómeno se repetía, a tal punto que en las navidades había más casos de muertes que en cualquier otra época, debido al desaliento que invadía a los prisioneros. Una vez más se comprobaba que la probabilidad de enfermar y morir aumentaba entre aquellos que perdían las esperanzas de volver a ver a sus seres queridos o de ser liberados.

Este efecto no se limita a situaciones tan críticas y dramáticas como las que estos hombres vivieron en los campos de concentración, también se aplica a todos nosotros. Muchas de las personas que se

1 Frankl, Viktor E. (2006-06-01). Man's Search for Meaning (p. 75). Beacon Press. Kindle Edition.

quitan la vida lo hacen porque han perdido todas las esperanzas de un futuro mejor. Por eso siempre insisto en que el temor más grande del hombre no es el temor a la muerte sino el temor a lo desconocido. Cuando no sabemos lo que el futuro nos depara, perdemos las esperanzas, y es ahí cuando nos sentimos expuestos a la suerte y abandonados: es en esos momentos cuando "tiramos la toalla", como se dice en el ámbito del boxeo.

La logoterapia, en comparación con el psicoanálisis, es un método menos retrospectivo y menos introspectivo. La logoterapia se centra más bien en el futuro, es decir, en la búsqueda por parte del paciente de alcanzar una vida satisfactoria, la logoterapia -de hecho- es una psicoterapia centrada en el darle un significado a la vida. "Logos" es una palabra griega que se traduce como "significado". La logoterapia o -como ha sido llamada por algunos autores- la "Tercera Escuela Vienesa de Psicoterapia", se centra en el significado de la existencia humana, así como en la búsqueda por parte del hombre de dicho significado.[2]

No pretendo ser el mejor experto en la materia, pero a través de los años he adquirido los conocimientos y experiencia que me han permitido transformar mi vida y la vida de cientos de personas. Yo coincido con el doctor Viktor E. Frankl en que el hombre necesita encontrar el propósito y significado de su vida como una razón para vivir. Cuando una persona descubre esta razón, su existencia tiene significado y hasta es capaz de morir por ese propósito. La pregunta es: ¿cómo puedo descubrir el propósito de mi vida? Como una respuesta simple, te diría que *el propósito de tu vida está oculto en tus sueños*.

2 Frankl, Viktor E. (2006-06-01). Man's Search for Meaning (pp. 100-101). Beacon Press. Kindle Edition.

La manera en que he diseñado este libro tiene como objetivo ayudarte a descubrir el propósito de tu vida.

Mi propósito de vida es dejar una huella como ser humano, guiando a todas las personas que la vida me permita alcanzar, poniéndolas en el camino que las lleve a vivir una vida llena de pasión y alegría. Todo ser humano tiene el derecho y el deber de alcanzar su propósito en la vida, viviendo sus pasiones y una vida en balance.

"Todo el coraje necesario es un pensamiento positivo para eliminar los otros cien negativos" -Desconocido.

¿POR QUÉ TIENE SENTIDO?

Todos necesitamos crecer y alcanzar nuestros sueños más preciados. La manera más rápida y fácil de llegar a nuestro destino, cuando viajamos por carretera, es utilizando un GPS; pero nada nos garantiza que no encontremos obstáculos. Lo que sí podemos dar por seguro es que el GPS tiene la capacidad de recalcular la ruta -algo fundamental, es que estemos dispuestos a cambiar de ruta cuando sea necesario-, con lo cual el éxito está garantizado.

Este libro es como un GPS, en él encontrarás la ruta a una vida más balanceada. Te advierto que te encontrarás con obstáculos durante todo el proceso; estos obstáculos intentarán sacarte de la ruta; muchos de ellos vendrán de tus propios pensamientos… Esto lo sé muy bien porque al escribir este libro también encontré muchos obstáculos y la mayoría de ellos procedía de mi interior. Sin embargo, al igual que el GPS de tu vehículo, tenemos que aprender a recalcular la ruta hasta que alcancemos nuestras metas.

MI MISIÓN

MOTIVAR A OTROS A VIVIR UNA VIDA EN BALANCE EMOCIONAL

Mi Misión es motivar e inspirar al mundo a vivir una vida llena de emociones y alegrías, con la esperanza de un gran porvenir.
Con la mentalidad de un soñador y la actitud de un triunfador.
Que el balance de su vida, la honestidad y sobre todo el amor por el prójimo dominen su existencia.

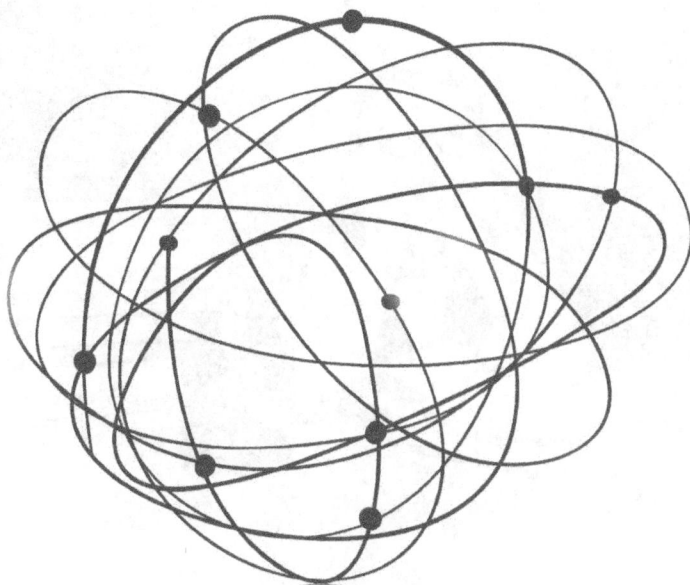

EL SUEÑO

Primera Etapa

EL SUEÑO

Los sueños reflejan nuestra personalidad; de ahí que un sueño tuyo pueda parecer una pesadilla para mí. Por esta razón, pedir a otros su opinión acerca de tus sueños cuando los estás redescubriendo, no es una buena idea: la opinión de los demás muchas veces es la causa principal por la cual abandonamos nuestros sueños.

Cuando tuve la idea de empezar este proyecto no me atrevía a compartirlo con nadie; este sueño era muy grande; tan grande, que era más grande que yo mismo. Cuando tenemos un sueño capaz de cambiar nuestras vidas y las de los demás, es normal que tengamos miedo. No permitas nunca que el miedo te detenga: es normal tener miedo. Yo también lo tengo. Pero "la diferencia entre un triunfador y un perdedor radica, en que el perdedor tuvo miedo y no hizo nada; el ganador, en cambio, tuvo miedo y a pesar de ello siguió adelante hasta alcanzar la victoria". Eso es lo que le digo yo a mis hijos.

Este es el primer ejercicio y a la vez uno de los más importantes a lo largo de todo el proceso. La lista de sueños que harás a continuación la utilizarás durante todo el programa.

Quizás te preguntes ¿por qué el título de este material? El poder de una vida balanceada. Te estarás preguntando ¿qué tienen que ver tus sueños con una vida balanceada? Durante todo este proceso te darás cuenta de que sin sueños claros, alcanzar una vida balanceada es imposible.

"No puedes poner un límite a nada. Cuanto más sueñas, más lejos llegas" -Michael Phelps.

NOTAS

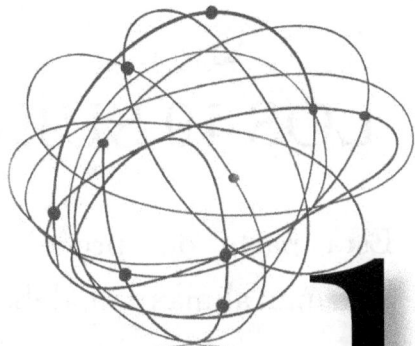

LOS 10 SUEÑOS

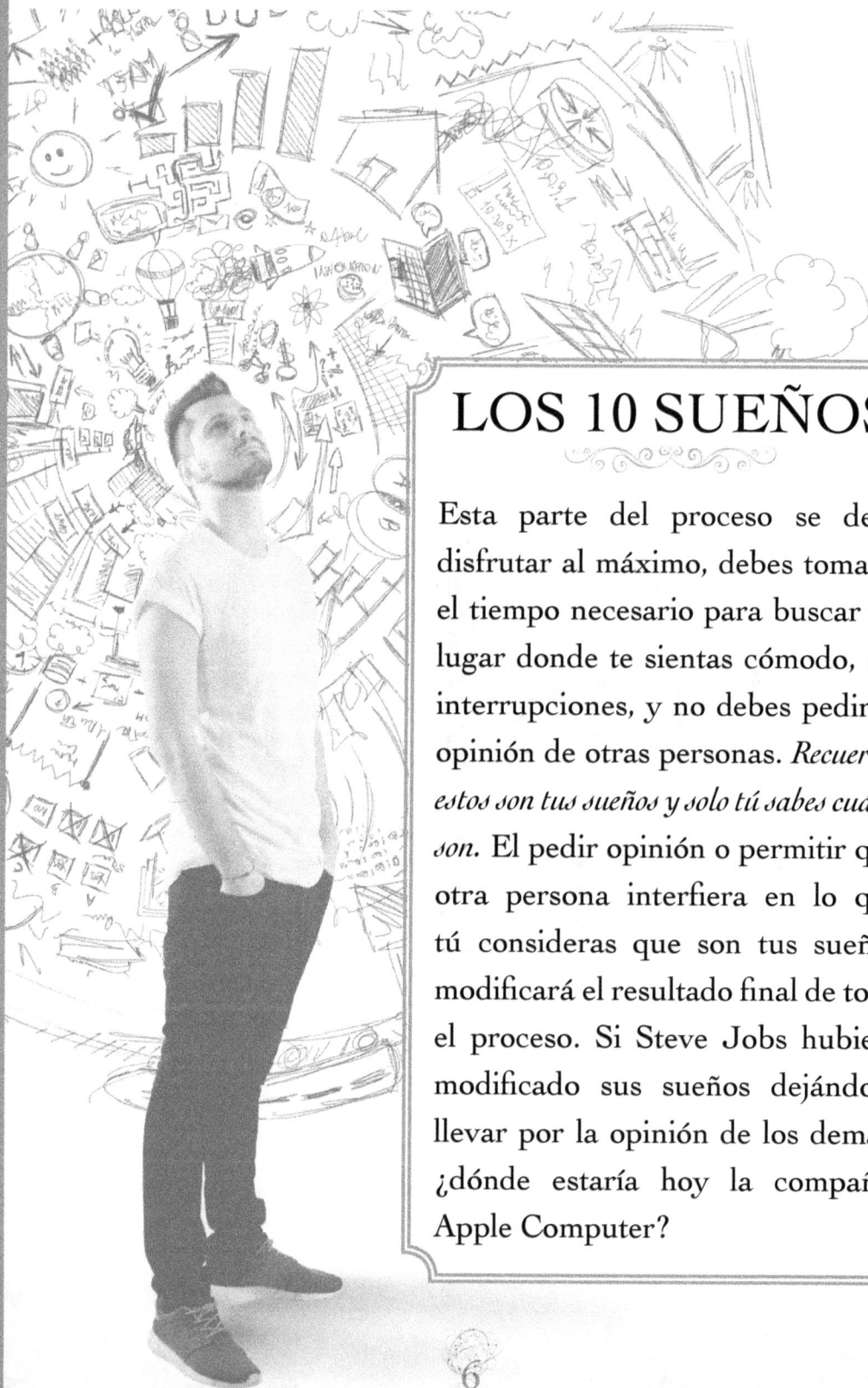

LOS 10 SUEÑOS

Esta parte del proceso se debe disfrutar al máximo, debes tomarte el tiempo necesario para buscar un lugar donde te sientas cómodo, sin interrupciones, y no debes pedir la opinión de otras personas. *Recuerda: estos son tus sueños y solo tú sabes cuáles son.* El pedir opinión o permitir que otra persona interfiera en lo que tú consideras que son tus sueños modificará el resultado final de todo el proceso. Si Steve Jobs hubiera modificado sus sueños dejándose llevar por la opinión de los demás, ¿dónde estaría hoy la compañía Apple Computer?

Instrucciones:

1. **Enumera tus 10 sueños principales, uno por línea.**

No es momento de describirlos.

SUEÑOS

PRIORIZANDO
LOS SUEÑOS

LOS 5 SUEÑOS PRINCIPALES

Tienes que decidir cuáles son los cinco sueños más importantes en este momento de tu vida, lo cual no quiere decir que te vayas a olvidar de los que no figuren entre los primeros cinco lugares; sin embargo, es necesario que sepas por dónde empezar. Es por ello que este ejercicio tiene el propósito de que sometas a comparación tus sueños hasta que solo queden los cinco más importantes, los prioritarios.

Instrucciones:

Compara el primero con el segundo; el que gane de los dos lo comparas con el tercero; el que gane entre estos dos últimos, lo comparas con el cuarto; y continúa de esta manera hasta que solo quede uno: ése es el sueño número uno. Colócalo en la primera posición; luego haz lo mismo con cada uno de los demás sueños hasta que tengas los cinco más importantes.

#	SUEÑOS
1	
2	
3	
4	
5	

NOTAS

_____

_____

_____

_____

_____

"La posibilidad de realizar un sueño es lo que hace que la vida sea interesante"

- Paulo Coelho

NOTAS

LAS 7 ÁREAS DE LA VIDA

LAS SIETE ÁREAS DE LA VIDA

La vida de todo ser humano se puede dividir en siete áreas principales. Aunque mucho se ha discutido sobre esto, entiendo que las siguientes siete áreas son las principales: *personal, estado físico, familia, mental, financiera, espiritual, profesional.*

La explicación detallada de cada área de la vida la puedes encontrar en mi libro titulado **Balance**, junto con historias que te permitirán analizar cada área en la vida de otras personas, de modo que aprendas a identificarlas.

El próximo ejercicio te ayudará a descubrir dónde estás hoy, en lo que a cada área se refiere. Es increíble la reacción de los participantes de mi seminario (que lleva el nombre de este libro que tienes en tus manos): no bien terminan de responder todas las preguntas -para sorpresa de todos- descubren que en algunas de las áreas de sus vidas no están donde pensaban. ¿Sabes tú en dónde estás? Apuesto a que hay muchas probabilidades de que te sorprendas con los resultados al final del ejercicio. ¿Quieres averiguarlo? Para ello debes completar las tablas que siguen.

En cada una de las tablas que corresponde a las diferentes áreas de tu vida hay dos columnas. La de la izquierda contiene una lista de los principales indicadores de estado en cada área. En la columna de la derecha debes escribir tu propia evaluación.

PERSONAL

INSTRUCCIONES

1. **Asigna un valor del 1 al 10 a cada uno de los indicadores de la columna izquierda**, según consideres cómo estás en cada uno de ellos. Ejemplo: en el área PERSONAL, en la columna izquierda, hay una lista de actitudes, tú debes responder qué tanto tienes de cada una de esas actitudes.

2. **Totaliza la suma de todos los valores**.

INDICADORES	VALOR
Meditación	
Entretenimiento	
Autoperdón	
Autoeficacia	
Te aceptas tal como eres	
Automotivación	
Autodisciplina	
Fuerza de voluntad	
Cuidado personal	
Tiempo personal	
TOTAL	

El total que obtendrás no refleja el 100% de la realidad de tu situación: lo tomarás como una guía del estado en que te encuentras en cada área. Cada listado, incluye un número pequeño de indicadores en las distintas áreas, estos permitirá que te formes una noción de cuánto esfuerzo debes poner para superarte y alcanzar tu sueño en cada área.

ESTADO FÍSICO

INSTRUCCIONES

1. **Asigna un valor del 1 al 10 a cada uno de los indicadores de la columna izquierda**, según consideres cómo estás en cada uno de ellos. Ejemplo: en el área ESTADO FÍSICO, en la columna izquierda, hay una lista de actitudes, tú debes responder qué tanto tienes de cada una de esas actitudes.

2. **Totaliza la suma de todos los valores.**

INDICADORES	VALOR
Estado físico	
Apariencia	
Chequeo médico regular	
Nivel de energía	
Músculos tonificados	
Programa regular de ejercicios	
Control de peso	
Dieta y nutrición adecuadas	
Control del estrés	
Resistencia y fuerza	
TOTAL	

El total que obtendrás no refleja el 100% de la realidad de tu situación: lo tomarás como una guía del estado en que te encuentras en cada área. Cada listado, incluye un número pequeño de indicadores en las distintas áreas, estos permitirá que te formes una noción de cuánto esfuerzo debes poner para superarte y alcanzar tu sueño en cada área.

FAMILIAR

INSTRUCCIONES

1. **Asigna un valor del 1 al 10 a cada uno de los indicadores de la columna izquierda**, según consideres cómo estás en cada uno de ellos. Ejemplo: en el área FAMILIAR, en la columna izquierda, hay una lista de actitudes, tú debes responder qué tanto tienes de cada una de esas actitudes.

2. **Totaliza la suma de todos los valores**.

INDICADORES	VALOR
Escuchar	
Dar el ejemplo a seguir	
Principios morales	
Actitud de perdón	
Construir la autoestima de los demás	
Expresar amor y respeto	
Comer como familia	
Liderar con el ejemplo	
Respetar las opiniones distintas	
Tiempo de calidad	
TOTAL	

El total que obtendrás no refleja el 100% de la realidad de tu situación: lo tomarás como una guía del estado en que te encuentras en cada área. Cada listado, incluye un número pequeño de indicadores en las distintas áreas, estos permitirá que te formes una noción de cuánto esfuerzo debes poner para superarte y alcanzar tu sueño en cada área.

EJERCICIO

MENTAL

INSTRUCCIONES

1. **Asigna un valor del 1 al 10 a cada uno de los indicadores de la columna izquierda**, según consideres cómo estás en cada uno de ellos. Ejemplo: en el área MENTAL, en la columna izquierda, hay una lista de actitudes, tú debes responder qué tanto tienes de cada una de esas actitudes.

2. **Totaliza la suma de todos los valores.**

INDICADORES	VALOR
Actitud positiva	
Inteligencia	
Educación formal	
Entrenamiento y educación continua	
Creatividad e imaginación	
Lectura inspirada	
Leer y escuchar audio books	
Mente inquisitiva	
Autoestima	
Entusiasmo	
TOTAL	

El total que obtendrás no refleja el 100% de la realidad de tu situación: lo tomarás como una guía del estado en que te encuentras en cada área. Cada listado, incluye un número pequeño de indicadores en las distintas áreas, estos permitirá que te formes una noción de cuánto esfuerzo debes poner para superarte y alcanzar tu sueño en cada área.

EJERCICIO

16

FINANCIERA

INSTRUCCIONES

1. **Asigna un valor del 1 al 10 a cada uno de los indicadores de la columna izquierda**, según consideres cómo estás en cada uno de ellos. Ejemplo: en el área FINANCIERA, en la columna izquierda, hay una lista de actitudes, tú debes responder qué tanto tienes de cada una de esas actitudes.

2. **Totaliza la suma de todos los valores**.

INDICADORES	VALOR
Sentido del ahorro	
Responsabilidad financiera	
Manejo del patrimonio	
Respeto al dinero	
Hábitos de consumo	
Decisiones financieras en familia	
Conocimientos de banca	
Socialización financiera	
Donaciones	
Pasatiempos / deportes	
TOTAL	

El total que obtendrás no refleja el 100% de la realidad de tu situación: lo tomarás como una guía del estado en que te encuentras en cada área. Cada listado, incluye un número pequeño de indicadores en las distintas áreas, estos permitirá que te formes una noción de cuánto esfuerzo debes poner para superarte y alcanzar tu sueño en cada área.

EJERCICIO

ESPIRITUAL

INSTRUCCIONES

1. **Asigna un valor del 1 al 10 a cada uno de los indicadores de la columna izquierda,** según consideres cómo estás en cada uno de ellos. Ejemplo: en el área ESPIRITUAL, en la columna izquierda, hay una lista de actitudes, tú debes responder qué tanto tienes de cada una de esas actitudes.

2. **Totaliza la suma de todos los valores.**

INDICADORES	VALOR
Creencia interna	
Paz interior	
Actitud positiva	
Relación con la pareja	
Influencia positiva sobre los demás	
Propósito de vida	
Caridad	
Tiempo de reflexión	
Crecimiento personal y espiritual	
Estudios espirituales	
TOTAL	

El total que obtendrás no refleja el 100% de la realidad de tu situación: lo tomarás como una guía del estado en que te encuentras en cada área. Cada listado, incluye un número pequeño de indicadores en las distintas áreas, estos permitirá que te formes una noción de cuánto esfuerzo debes poner para superarte y alcanzar tu sueño en cada área.

EJERCICIO

PROFESIONAL

INSTRUCCIONES

1. **Asigna un valor del 1 al 10 a cada uno de los indicadores de la columna izquierda**, según consideres cómo estás en cada uno de ellos. Ejemplo: en el área PROFESIONAL, en la columna izquierda, hay una lista de actitudes, tú debes responder qué tanto tienes de cada una de esas actitudes.

2. **Totaliza la suma de todos los valores**.

INDICADORES	VALOR
Responsabilidad	
Puntualidad	
Organización	
Trabajo en equipo	
Preparación	
Colaboración	
Humildad	
Código de ética	
Autonomía	
Eficiencia	
TOTAL	

El total que obtendrás no refleja el 100% de la realidad de tu situación: lo tomarás como una guía del estado en que te encuentras en cada área. Cada listado, incluye un número pequeño de indicadores en las distintas áreas, estos permitirá que te formes una noción de cuánto esfuerzo debes poner para superarte y alcanzar tu sueño en cada área.

EJERCICIO

EL PODER
DE LAS
EMOCIONES

EL PODER DE LAS EMOCIONES

"Cuando se trata de personas, recuerda que no se trata de criaturas de la lógica, sino criaturas de la emoción". **Dale Carnegie.**

Tanto Aristóteles como los budistas consideraban las emociones como conductas perjudiciales y peligrosas. Y es cierto que los comportamientos extremadamente emocionales como el pánico, es sin duda alguna, perjudiciales y destructivos. Sin embargo, en la mayoría de las circunstancias, las emociones nos guían para actuar rápida y eficazmente. Así, cuando sentimos miedo o nos sentimos amenazados, corremos si alguien nos trata de una manera injusta y atacamos, si alguien nos cuida nos mantenemos cerca y actuamos de una manera agradecida.[1]

---

1 Emotion - 2nd Edition by James W. Kalat, P. 4.

Las emociones han sido con frecuencia consideradas en la filosofía de los budistas como aspectos de nuestra personalidad que interfieren en el desarrollo de una vida espiritual, como estados insanos y éticamente indeseables, que bloquean la posibilidad de diferenciar entre la razón y la emoción. De acuerdo con esta perspectiva, las emociones se describen como un estado de "agitación" o "desequilibrio".[2]

Filósofos y científicos han discutido y estudiado el efecto de las emociones en todos los ámbitos de la vida de los seres humanos y de los animales. Robert Plutchik, el gran psicólogo de las emociones, las ha clasificado en ocho principales: *ira, miedo, tristeza, rechazo, sorpresa, anticipación, confianza y alegría.* En su "rueda de las emociones", las más complejas son el resultado de la combinación de las emociones básicas o primarias. Así, por ejemplo, el optimismo es una combinación de la anticipación y la alegría. Plutchik argumenta a favor de la primacía de estas emociones, mostrando que cada una de ellas es un detonante de nuestra conducta.

---

2 See, Rune Johansson, The Psychology of Nirvana, (London, 1969), p. 24.

Otras versiones o listas de emociones incluyen el amor como una de las emociones principales. Para fines de este material yo he utilizado la teoría de Plutchik, pero es muy importante para mí adicionar a la lista de Plutchik, el amor.

El miedo es como una habitación oscura y el amor es la luz; inmediatamente enciendes la luz ya no hay mas oscuridad, es que el amor es el opuesto del miedo.

Todas tus decisiones están influenciadas por una emoción. Muchas veces no prestas atención a lo que estás sintiendo, pero si tomas el tiempo para analizar cada decisión, te darás cuenta de que la motivación a actuar fue influenciada por una emoción. Es posible que en más de una ocasión la emoción haya sido tan fuerte que la decisión o la falta de una decisión no estuviera bajo tu control o el control de tu consciente; por ejemplo: cuando estamos asustados muchas veces reaccionamos frente a la situación que se nos presenta de una manera espontanea; en este caso no nos detenemos a pensar qué debemos hacer: solo actuamos. Esta es una de las cosas que ha contribuido a la sobrevivencia de los hombres y animales: cuando algo nos asusta, peleamos o corremos; pero hay casos donde la emoción es tan fuerte que nos paralizamos.

En mi experiencia como *life coach*, he descubierto que el motivo principal por el que mis clientes no alcanzan sus metas, es por el temor al fracaso, por el temor a no llenar las expectativas de los demás. Cuando piensan en embarcarse en una nueva aventura, inmediatamente más de un pensamiento negativo les invade. Estos pensamientos son el origen de las emociones negativas, son la causa de que se detengan, y que muchas veces ni siquiera intenten empezar ese nuevo proyecto que podría cambiar sus vidas. Una de las preguntas que siempre hago a mis clientes es: "¿Crees tú que las personas que están haciendo fila para montarse en una montaña rusa tienen miedo o no?" Solo hay una respuesta correcta a esta pregunta: "Sí, tienen miedo". Entonces, si el miedo es una emoción negativa -y hemos aprendido que las emociones negativas tienen el poder de detenernos-, ¿cómo es posible que estas personas logren montarse en la montaña rusa? Lo que sucede en este caso es que ellos no se concentran en la emoción negativa; están concentrados en la emoción positiva, es lo que sentirán cuando se hayan desmontado de la montaña rusa. Las veces que he estado en un parque de diversiones me he dado cuenta de que las personas que

están en la fila, listas para abordar, sonríen; pero en el momento en que se sientan, sus rostros empiezan a cambiar y a medida que se acerca el momento en que la montaña rusa arranca, sus rostros reflejan miedo. Pero el fenómeno más interesante es que esas mismas personas, cuando todo pasa y se desmontan, muestran en sus rostros una felicidad inexplicable. En realidad este fenómeno es simple de explicar: donde hay miedo no hay amor o felicidad, pero el amor o la felicidad tienen el poder de eliminar el miedo. Con esto no quiero decir que yo no tengo miedos o que no debería tenerlos, con este ejemplo lo que quiero ilustrar es que tenemos que afrontar nuestros temores con un corazón alegre y positivo. Cuando nos concentramos en el beneficio o en la emoción positiva es cuando logramos superar los pensamientos negativos y limitantes, alcanzando metas que nunca habíamos pensado que fueran posibles. Un ejemplo de lo que quiero mostrar es este libro. Lo más difícil no fue escribirlo; lo más difícil fue empezar a creer que yo podía lograrlo, concentrarme en cómo me sentiría cuando tú lo estuvieses leyendo.

Durante las consultas con mis clientes, la estrategia más importante y con mayor resultado, es apoyarlos a controlar las emociones, esto quiere decir que podemos elegir nuestras emociones y buscar o aplicar las emociones positivas. Pueden sentir otro tipo de emociones, sin embargo estarán preparados para cambiar su actitud y enfocarse en las emociones positivas.

TUS 5 SUEÑOS MÁS IMPORTANTES

En la segunda parte del ejercicio "Los 10 sueños" del capítulo "El sueño", determinaste cuáles eran los cinco sueños más importantes en este momento de tu vida. El ejercicio que vas a hacer a continuación tiene como objetivo describir y definir cada uno de los cinco sueños principales que ya has identificado.

INSTRUCCIONES

1. Escribe en el espacio designado "Sueño" el primer sueño que identificaste en el listado de sueños que hiciste antes.

2. Haz una descripción del sueño en el área titulada "Descripción".

3. Enumera 5 logros que obtendrás cuando tu sueño sea una realidad en el área titulada "Logros".

4. Sigue trabajando en la misma sección del formulario, y asigna una emoción de la lista de emociones principales a cada uno de los logros.

5. Ahora, en la misma sección, asigna un área de vida a cada uno de los logros.

Al final del formulario encontrarás una lista que contiene las *7 áreas de vida* y las *8 emociones básicas*. Utiliza esta lista para completar el formulario. Para más información ve al capítulo "Áreas y las emociones".

1
SUEÑO

SUEÑO:

_____

_____

_____

DESCRIPCIÓN:

_____

_____

_____

_____

_____

_____

3, 4 y 5. LOGROS, EMOCIONES Y ÁREAS DE VIDA:

	LOGROS	EMOCIONES	ÁREAS DE VIDA
1			
2			
3			
4			
5			

ÁREAS DE VIDA: personal, estado físico, familia, mental y/o emocional, financiera, espiritual, profesional. EMOCIONES: ira, miedo, tristeza, rechazo, sorpresa, anticipación, confianza y alegría.

EJERCICIO

2
SUEÑO

SUEÑO:

_____

_____

_____

DESCRIPCIÓN:

_____

_____

_____

_____

_____

_____

_____

3, 4 y 5. LOGROS, EMOCIONES Y ÁREAS DE VIDA:

	LOGROS	EMOCIONES	ÁREAS DE VIDA
1			
2			
3			
4			
5			

ÁREAS DE VIDA: personal, estado físico, familia, mental y/o emocional, financiera, espiritual, profesional. EMOCIONES: ira, miedo, tristeza, rechazo, sorpresa, anticipación, confianza y alegría.

EJERCICIO

3
SUEÑO

SUEÑO:

_____

_____

_____

DESCRIPCIÓN:

_____

_____

_____

_____

_____

_____

3, 4 y 5. LOGROS, EMOCIONES Y ÁREAS DE VIDA:

	LOGROS	EMOCIONES	ÁREAS DE VIDA
1			
2			
3			
4			
5			

ÁREAS DE VIDA: personal, estado físico, familia, mental y/o emocional, financiera, espiritual, profesional. EMOCIONES: ira, miedo, tristeza, rechazo, sorpresa, anticipación, confianza y alegría.

4
SUEÑO

SUEÑO:

_____

_____

_____

DESCRIPCIÓN:

_____

_____

_____

_____

_____

_____

3, 4 y 5. LOGROS, EMOCIONES Y ÁREAS DE VIDA:

	LOGROS	EMOCIONES	ÁREAS DE VIDA
1			
2			
3			
4			
5			

ÁREAS DE VIDA: personal, estado físico, familia, mental y/o emocional, financiera, espiritual, profesional. EMOCIONES: ira, miedo, tristeza, rechazo, sorpresa, anticipación, confianza y alegría.

5
SUEÑO

SUEÑO:

_____

_____

_____

DESCRIPCIÓN:

_____

_____

_____

_____

_____

_____

3, 4 y 5. LOGROS, EMOCIONES Y ÁREAS DE VIDA:

	LOGROS	EMOCIONES	ÁREAS DE VIDA
1			
2			
3			
4			
5			

ÁREAS DE VIDA: personal, estado físico, familia, mental y/o emocional, financiera, espiritual, profesional. EMOCIONES: ira, miedo, tristeza, rechazo, sorpresa, anticipación, confianza y alegría.

EJERCICIO

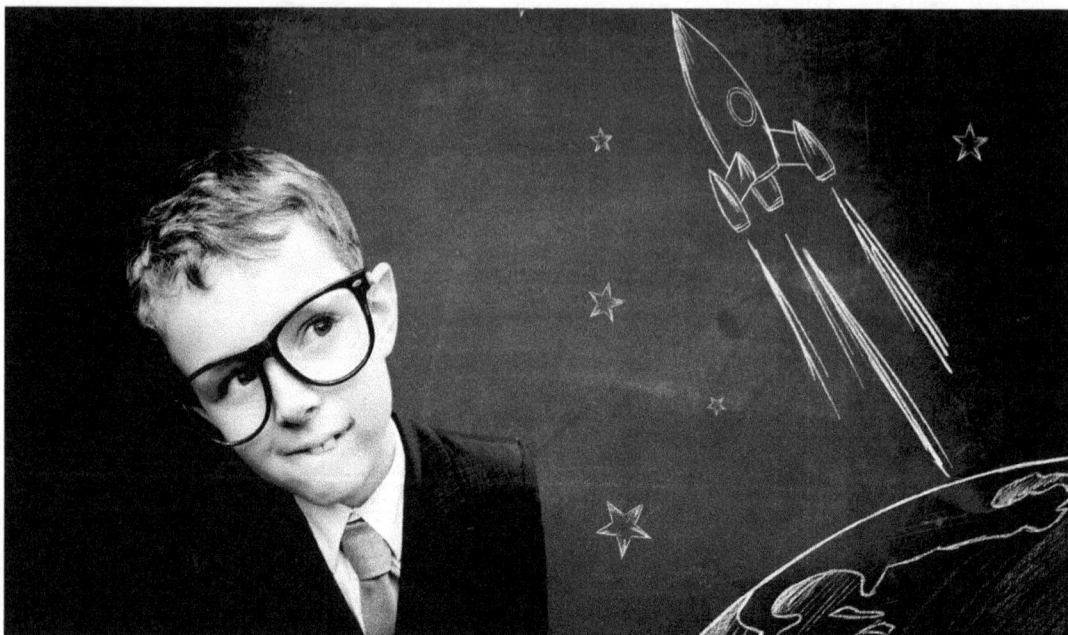

DESCRIBE TU GRAN SUEÑO

Hasta el momento hemos trabajado con cada uno de los sueños de manera independiente. Ahora es tiempo de que los juntemos a todos en una sola idea, en un único sueño. Es tiempo de describir el nuevo *tú*, el *tú* "si todo lo descrito se hiciese realidad hoy, como por arte de magia", ¿cómo se vería tu vida?; ¿qué estarías haciendo en este momento?; ¿cómo vestirías?; ¿qué clase de vida estarías viviendo? Recuerda: mientras más detalles tenga tu descripción, mejor. Imagina que estás escribiendo una carta a una persona que te prometió darte todo lo que le pides, así que asegúrate de no dejar nada fuera porque solo obtendrás lo que esté plasmado en esa carta.

Esta parte del ejercicio, para mí, es un recordatorio de mis sueños. Aún conservo una copia de mi descripción pegada en el espejo de mi baño, de esa manera la leo varias veces por semana: es una de las primeras cosas que hago al comenzar el día y –ciertamente- una de las últimas también. Me ayuda a recordar por qué me levanto todas las mañanas: cada día es una nueva oportunidad para dar un paso más en el camino hacia mi sueño.

Este momento del ejercicio es para que describas esa visión, para que expreses por qué esa visión es tu gran sueño.

MI GRAN SUEÑO ES

Hasta este momento has trabajado en sueños independiente, por un minuto imagina que todo lo que has descrito anteriormente se hiciera realidad en este momento. Esta parte del ejercicio es para que describas esa visión ya que esta visión es tu gran sueño.

MI GRAN SUEÑO ES

_____

_____

_____

_____

_____

_____

_____

_____

MANTENTE CONECTADO A TU SUEÑO

Lo que hacemos y queremos es importante, pero más importante aún es porque lo hacemos. Vendrán, sin dudas, momentos de tribulación en el proceso de alcanzar un sueño; habrán obstáculos que superar. Recuerda que te advertí que estos ejercicios podían cambiar tu vida pero que no eran mágicos, que el solo hecho de imaginar y escribir tu sueño no lo iba a convertir en realidad. Es por esto que debes estar muy convencido de por qué lo estás haciendo. Es este *por qué,* el que te mantendrá en la ruta hacia tu meta final: **vivir tus pasiones a plenitud.**

Ser delgado, esbelto y perder 30 lbs. es un sueño para muchos de mis clientes. Fijarte como meta que en 6 meses podrás entrar en el clóset, con la certeza de que no importa cuál prenda elijas te verás y te sentirás súper bien; esa emoción de felicidad es el *porqué, la motivación.* Solo el *porqué* te mantendrá siempre con la misma fuerza para alcanzar tu sueño hasta que lo logres.

Recuerdo que hubieron días, mientras escribía este material, en que me despertaba en la mañana pensando que todo mi esfuerzo carecía de sentido. Era en esos días cuando leía lo que había escrito en este ejercicio: *porqué* he dedicado mi vida a ayudar a otros a encontrar el balance en sus vidas. Y es que la satisfacción de ver que gracias a mi trabajo una vida ha sido trasformada, me llena de regocijo. Alguien me dijo un día: "Dios te mandó para que me salvaras la vida; hoy he vuelto a nacer". Por eso no importa como me sienta: cuando leo porque hago lo que hago, algo cambia dentro de mí y con el mismo entusiasmo del primer día continúo con mi trabajo y mi sueño de transformar a cuantas personas sea posible.

Es de suma importancia saber la razón o las razones que nos impulsan a perseguir un sueño.

MANTENTE CONECTADO AL PORQUÉ

Anteriormente le asignaste una emoción y un área a cada uno de los 5 sueños principales. Ahora utiliza esa información como inspiración para describir porqué quieres alcanzar el gran sueño. Lo que vas a describir a continuación te recomiendo que lo conserves y lo releas a menudo. De acuerdo con mi experiencia, en los momentos en que nos sentimos desanimados, leer lo que aquí describes te ayudará a recuperar las fuerzas para continuar.

NOTAS

EL PORQUÉ DE MI SUEÑO

_____
_____
_____
_____
_____
_____
_____
_____
_____
_____
_____
_____
_____
_____
_____
_____
_____
_____
_____

NOTAS

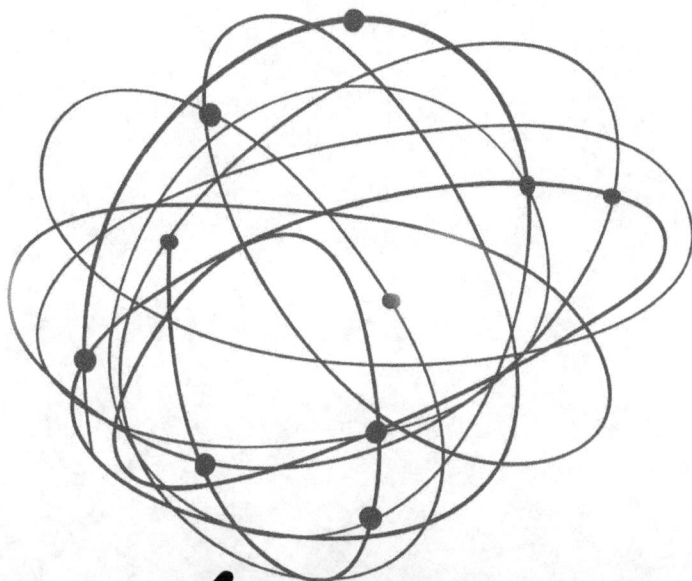

DÓNDE ESTOY

ESTOY

Segunda Etapa

NOTAS

DÓNDE ESTOY

Esta es la segunda etapa de todo el proceso de transformación, pero también es la más larga de todas; es por esto que la he dividido en cuatro partes:

Sección 1: ¿Quién soy?

En esta sección descubrirás el verdadero *tú*. Sé que puede sonar un poco tonto o incluso pretencioso; pero lo cierto es que desde que el hombre tiene uso de razón ha estado tratando de descubrir quién es, de dónde viene y adónde va.

"¿Cómo voy a ser yo mismo, si ni siquiera sé quién soy?"
Anónimo

Sección 2: Mi legado.

Todo ser humano dejará un legado en la vida; sin embargo, hay dos grupos de personas: el primero no sabe cómo será recordado y el segundo vive apasionadamente, persiguiendo y realizando sus sueños, dejando una marca en el mundo.

"En cada paso, dejamos una huella en la arena, que solo la puede ver quien viene detrás; cuida tus pasos, son la guía de aquellos que te siguen, ese es tu legado."
Edgar J. Rodríguez.

Sección 3: Superando mis limitaciones.

Muchas personas dicen no tener ninguna limitación, pero el solo hecho de pensar así es una limitación: todos, sin excepción, tenemos limitaciones.

Las limitaciones siempre estarán ahí presentes de un modo u otro; depende de ti quedarte paralizado o correr hacia adelante, hasta alcanzar el éxito.

"Así como desarrollamos nuestros músculos físicos a través de la superación de la oposición, tales como el levantamiento de pesas, desarrollamos nuestros músculos del carácter mediante la superación de retos y adversidades."
Stephen Covey

Sección 4: Yo puedo.

Toda mi vida he tenido un lema: *Si tú puedes, yo también.* Comprendo que Muchas veces he sido muy duro conmigo mismo y con los demás, gracias a esta posición; pero creo firmemente que si yo puedo, tú también.

"No puedo cambiar la dirección del viento, pero puedo ajustar mis velas para llegar siempre a mi destino."
Jimmy Dean

DÓNDE ESTOY
"SECCIÓN 1"

QUIÉN SOY

"¿Cómo voy a ser yo mismo, si ni siquiera sé quién soy?" - Anónimo

Esta pregunta puede parecerte tonta pero, sorprendentemente, la mayoría de las personas no sabe la respuesta. ¿La sabes tú? Por un minuto cierra los ojos y piensa quién eres.

No te sientas mal si la respuesta es vaga o si vas de un extremo al otro. La realidad es que no hay una respuesta sencilla a esta pregunta: somos muchas cosas a la vez; pero ese no es el problema. La confusión, en realidad, radica en el hecho de que la mayoría de las personas está tratando de ser alguien diferente, alguien que no es; está intentando alcanzar un ideal o una forma de ser que no refleja quién es cada uno en realidad. Es lo mismo que si alguien se mirara al espejo y el cristal le devolviera la imagen de otro. Es probable que te hayas pasado la vida tratando de ser la persona que tus padres te dijeron que fueras o que deberías ser. Muchas veces nuestros padres, inconscientemente, programan nuestro subconsciente.

Recuerdo que en mi juventud siempre intentaba demostrar que yo podía todo; lo hacía porque mi padre solía llamarme "estúpido". Eso provocó que yo empezara a dudar de mis capacidades y a necesitar la aprobación de otros en todo lo que hacía. Necesitaba, especialmente, la aprobación de mi papá, quien pensaba que yo no era lo suficientemente bueno como para lograr las cosas que me proponía. Me tomó toda una vida darme cuenta de que yo no era la persona que mi papá describía muchas veces cuando se refería a mí. Cuando comprendí esto fue cuando alcancé mis metas más preciadas. Empecé a vivir una vida de libertad, antes era más bien esclavo de la idea de quién era yo: yo creía ser aquel que mi padre decía que era y sin embargo, esa persona no era la que vivía dentro de mí. En cuanto a mi padre se refiere, cuando descubrí MI ESENCIA, MI VERDADERO YO, él también cambió, aprendió a admirarme y a respetar el verdadero Edgar.

En mi caso ha sido mi padre, pero la verdad es que no importa cómo te has forjado la idea de quién eres: lo importante es descubrir quién eres tú en realidad, y qué capacidad tienes para alcanzar todo lo que quieras.

La adaptación de los seres humanos al ambiente que les rodea es un fenómeno natural y necesario, es un proceso que ha sido de incuestionable importancia para la evolución del hombre. Esa capacidad de adaptarnos al ambiente ha permitido que el hombre sobresalga de entre todos los animales, adaptándose al frío y al calor extremos, entre otras cosas. ¡Incluso la alimentación del hombre ha sido el resultado de un proceso de adaptación! Hoy en día, a través del bombardeo mercadológico se intenta modificar a la humanidad de acuerdo a lo que le conviene a unos pocos.

Muchos hemos caído en la trampa y nos pasamos la vida tratando de convertirnos en esos seres ideales que nos presentan la televisión y el cine. Tanto es así, que cuando compramos una mascota -por ejemplo un cachorro- esperamos que se comporte como la que vimos en alguna película, y al darnos cuenta de que no actúa de la misma manera, entonces queremos deshacernos de ella. Yo he visto estas actitudes de primera mano cuando era voluntario en los centros de rescate de animales. Pero esto no solo pasa con los animales, sino que también tenemos esta actitud con las personas. Es por ello que al día de hoy el cincuenta por ciento de los matrimonios se divorcia. A mi parecer, es el mismo fenómeno que se da con los cachorros que terminan en el refugio de animales: *si no es como el de la TV, no lo quiero.*

Por otra parte, tendemos a creer que somos lo que los demás dicen que somos. A medida que crecemos, nuestros padres, profesores y personas de autoridad programan nuestro subconsciente. Una vez alcanzada la adultez tenemos la obligación de reprogramar nuestro subconsciente de una mejor manera: para esto debes ir a lo profundo de tu corazón y descubrir el verdadero *tú*.

Antes de empezar el proceso de vivir una vida como la que hemos soñado, vamos a completar el siguiente ejercicio, que revelará quiénes creemos que somos; quiénes somos para los demás; y más importante aún, quiénes somos en verdad. De esta manera podremos planear quiénes queremos ser en el futuro: *todos tenemos la capacidad de ser quienes queremos ser.*

Quizás estés pensando *"¡Qué pregunta más tonta! Yo sé quién soy"*. Si ese es el caso, te felicito; eres uno de pocos. Sin embargo, la mayoría de las personas piensan que lo saben hasta que tienen que responder a la pregunta.

Todos tenemos una opinión de quiénes somos. Muchas veces cuando nos presentamos decimos *"Yo soy el papá o mamá de Jou"*, *"Yo soy doctor, ingeniero, etc."*, como si fuéramos simplemente lo que hacemos o la función social que podamos tener: la verdad es que somos más que eso.

¿QUIÉN SOY?

Normalmente actuamos de manera distinta en el trabajo, en la escuela, en presencia de extraños, en público, con nuestra familia, etc. Esto es necesario para la integración social. Sin embargo, muchas veces estamos tratando de aparentar algo que no somos, o bien con la intención de ocultar el verdadero yo o bien para parecer más importantes de lo que somos, y todo esto lo hacemos de modo inconsciente. Si bien es importante que sepamos lo que los demás piensan de nosotros y que lo consideremos para superarnos, no podemos tener como meta convertirnos en la imagen que los demás tienen de nosotros.

¿QUIÉN SOY?

_____

_____

_____

_____

_____

_____

_____

_____

_____

_____

¿QUIÉN SOY PARA LOS DEMÁS?

¿Cuál es la opinión que tienen los demás acerca de quién eres tú? Si es posible pregunta a tus seres queridos o a una persona de confianza para responder esta pregunta. Si estás participando en uno de mis seminarios y te encuentras con alguien que te acompaña, hazlo con esa persona o con tu compañero de trabajo.

¿QUIÉN SOY PARA LOS DEMÁS?

_____

_____

_____

_____

_____

_____

_____

_____

_____

_____

_____

_____

_____

_____

¿QUIÉN SOY PARA DIOS?

No importa cuáles son tus creencias -si alguien o algo nos creó, si nos creó Dios, si somos parte de la energía universal, si somos el resultado de la evolución, si el universo nació a partir del Big Bang-, lo importante es el valor que tenemos como seres humanos y como creación. Responde de acuerdo con tus creencias.

"Soy una nueva creación" **(2 Corintios 5:17)**
"Yo soy un hijo de Dios" **(Juan 1:12; 1 Juan 3:1-2)**

¿QUIÉN SOY PARA DIOS O CUALQUIERA QUE SEA TU CREENCIA?

_____
_____
_____
_____
_____
_____
_____
_____
_____
_____
_____
_____

¿QUIÉN QUIERO SER?

Es posible que la persona que has descrito respondiendo a las preguntas anteriores no sea la que tú quieres ser, también es posible que solo quieras cambiar algo. Describe entonces a esa persona que tú piensas que sería un mejor "tú". Siempre hay cosas que podemos mejorar y perfeccionar.

¿QUIÉN QUIERO SER?

_____

_____

_____

_____

_____

_____

_____

_____

_____

_____

_____

_____

_____

_____

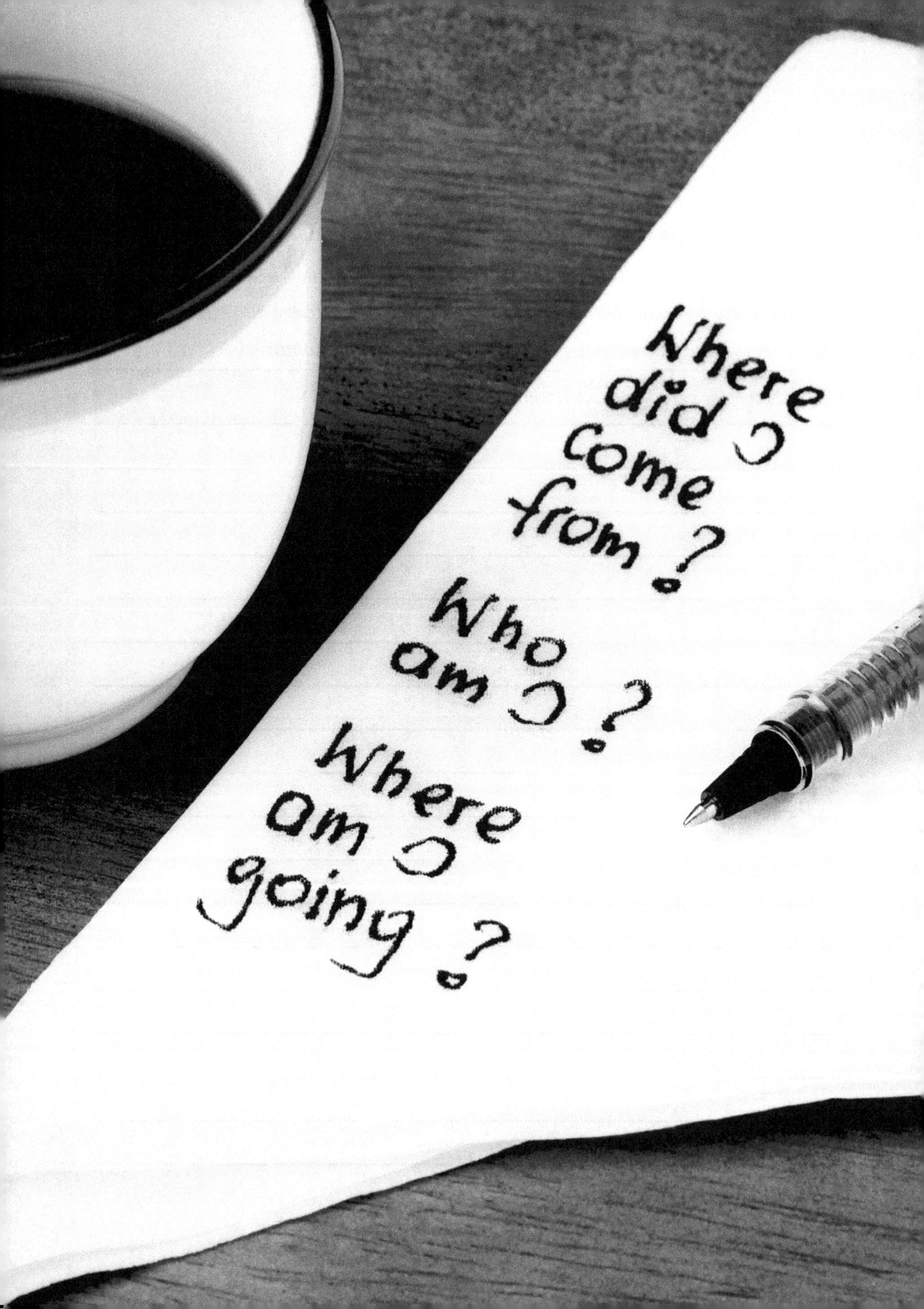
Where did I come from?
Who am I?
Where am I going?

EL VERDADERO YO

Todos tenemos rasgos de personalidad que nos identifican como individuos. De algunos de estos rasgos nos sentimos orgullosos, pero de otros no tanto. Sin darnos cuenta, dedicamos mucho tiempo a tratar de cambiar los rasgos que sentimos que no son los mejores ¿Por qué no podemos cambiar nuestra manera de ser?

Con el tiempo hemos formado una personalidad gracias al ambiente en que hemos crecido y a las personas que han intervenido en nuestra educación. Pero esto no es todo: cada uno de nosotros viene al mundo con una programación genética que, combinada con la educación y el ambiente en que nos desarrollamos, forma y regula nuestra personalidad. Entonces, si esto es cierto, ¿por qué es posible que hermanos nacidos de los mismos padres y que han crecido bajo las mismas circunstancias puedan ser tan distintos?

Durante el proceso de crecimiento, tus padres o educadores decidieron que por tu propio bien deberías tomar una ruta o la otra en el camino de la vida. Sin darte cuenta, empezaste a vivir el personaje que estaba en el libreto, y de esta manera mantuviste al verdadero *tú* bajo control; al fin y al cabo tus sueños parecían muy locos y tontos; después de todo, ¿eran acaso tus sueños los mismos que los de tus educadores? Tengo la obligación de decirte -si es que no lo sabías ya- que a todos los grandes inventores, hombres y mujeres que han cambiado la humanidad, alguna vez en su vida los han llamado *locos*.

Así pues, la razón por la que no sabemos quiénes somos en verdad, es simplemente porque no nos atrevemos a soñar, no queremos reconocer y aceptar al verdadero *yo*, por temor al qué dirán: dudamos de que nuestra originalidad pueda satisfacer las expectativas de los demás.

Las tres preguntas siguientes pueden ayudarte a descubrir quién eres en verdad; te ayudarán a saber de dónde vienes y te darán una perspectiva de porqué actúas de la manera que lo haces. La más importante de las tres es la segunda:

"**¿Por qué estoy aquí?**" Aunque por momentos la respuesta a esta pregunta te parezca algo filosófica, no dejes que ese pensamiento te detenga; continúa, porque todo gran sueño termina transformando vidas, empezando por la tuya. El día que descubras porqué estás aquí, habrás descubierto el propósito de tus sueños, pues son tu sueños los que dejarán tu marca en la vida. El día que descubrí quién era *yo*, si bien me resultó difícil aceptar quién era yo en verdad, fue el día que marcó **la** diferencia en mi vida. A partir de ese momento hubo un antes y un después. Luego de descubrir el verdadero *tú*, viene la parte más difícil: aceptarte y atreverte a enseñar a los demás el verdadero *tú*.

La tercera pregunta: "**¿Adónde voy?**" marca la hora de trazar una nueva ruta, una ruta que te lleve al futuro que tú sueñas.

NOTAS

_____

_____

_____

_____

_____

¿DE DÓNDE VENGO?

Esta primera pregunta es para reflexionar sobre nuestra procedencia espiritual, no sobre nuestra procedencia geográfica. Si no tienes ninguna creencia espiritual, entonces responde esta pregunta desde tu punto de vista; siempre tus respuestas serán muy interesantes y te ayudarán en el proceso de alcanzar una vida balanceada.

¿DE DÓNDE VENGO?

_____

_____

_____

_____

_____

_____

_____

_____

_____

_____

_____

_____

_____

¿POR QUÉ ESTOY AQUÍ?

Muchos creen en el destino, en un Dios, en un Creador, en el Universo o en una fuerza más poderosa que nos ha enviado con una misión, y es por esta misión que estamos aquí. Quizás nadie tenga la respuesta perfecta a esta pregunta; no hay una respuesta unánime, común, pues es única e irrepetible para cada persona: ¿por qué crees tú que estás aquí? Tu opinión es lo único que importa.

¿POR QUÉ ESTOY AQUÍ?

_____

_____

_____

_____

_____

_____

_____

_____

_____

_____

_____

_____

_____

EJERCICIO

¿ADÓNDE VOY?

Descubrir adónde vas te permitirá trazar una ruta. Es posible que hasta el día de hoy hayas dejado que la corriente te lleve como barca sin timón. El hecho de que tengas este material en la mano me dice que quieres darle un rumbo a tu vida, pero antes de partir necesitas saber adónde quieres ir; al igual que cuando usas un GPS y tienes que determinar adónde quieres ir para que el GPS te indique la ruta.

¿ADÓNDE VOY?

_____

_____

_____

_____

_____

_____

_____

_____

_____

_____

_____

"El mundo es lo que creemos que es. Si podemos cambiar nuestros pensamientos, podemos cambiar el mundo"-H.M. Tomlinson.

NOTAS

DÓNDE ESTOY
"SECCIÓN 2"

MI LEGADO

¿Alguna vez te has puesto a pensar como quieres ser recordado, cuáles son los recuerdos que dejarás a tu partida, cómo tus acciones pueden beneficiar a los demás? No andamos pensando en esto en todo momento ni en todo lo que hacemos; pero el hecho de que no lo pensemos, no significa que no dejemos huella en cada paso. Son estas marcas en la arena las que servirán como guía para los que vienen detrás.

Todo ser humano deja un legado, lo planee o no. Esta parte del programa no es para descubrir como quieres ser recordado cuando hayas muerto; la intención es motivarte a descubrir como quieres vivir, porque la manera que elijas para vivir es la que determinará tu legado. Tu legado no es más que el impacto que tu vida causa en los demás. Para muchos su legado solo influirá sobre sus seres más queridos y sobre su círculo de amigos; otros por el contrario impactan al mundo completo. Pero no importa si tu legado tiene alcance mundial o ejerce influencia sobre una sola persona, pues lo más importante es que sepas cómo vivir tu vida de manera que los demás puedan crecer y ser mejores gracias a las memorias que tú has dejado en ellos y por como tus acciones influyeron en sus vidas.

DESCRIBE TU LEGADO

¿QUIÉN QUIERES QUE TE RECUERDE?

Enumera las principales personas que quieres que te recuerden. No todas tienen que ser familia; muchas veces hay amigos que son tanto o más importantes que la familia. Puedes, también, incluir personas que pertenecen a tu pasado, pero que para ti es importante que te recuerden.

1	
2	
3	
4	
5	
6	
7	
8	
9	
10	

¿CÓMO TE RECORDARÁN?

Elige la persona más importante en tu vida. Ponte en el lugar de esa persona y escribe un discurso que ella podría leer cuando tú cumplas 99 años de edad.

NOMBRE	

_____

_____

_____

_____

_____

_____

_____

_____

_____

_____

_____

_____

_____

_____

_____

_____

_____

_____

¿QUIÉN MÁS QUIERES QUE TE RECUERDE Y CÓMO?

La primera pregunta te ha llevado a listar nombres de personas que son importantes en tu vida y que quieres que te recuerden. Es posible que te estés preguntando a quién vas a listar ahora. Puedes listar algunos nombres de personas que no son tan significativas en tu vida, pero también te invito a pensar más allá; te invito a pensar, por ejemplo, en la empresa donde trabajas; en tu comunidad; en grupos o asociaciones civiles; en grupos religiosos o en tu país. No hay límite. Yo quisiera ser recordado por la mayor cantidad posible de personas, incluyéndote a ti.

1

2

3

4

TOMA CONTROL DE TU LEGADO

Tú tienes el poder de cambiar vidas: sin importar la posición, lugar o estado financiero en el que te encuentres, siempre tienes la posibilidad de transformar el mundo.

¿Cómo puedes hacer una diferencia en el mundo? Si me hubieses hecho esta pregunta unos años atrás, mi respuesta habría sido: *"No puedo hacer absolutamente nada. Yo no soy la madre Teresa de Calcuta, ni Mahatma Gandhi, ni Nelson Mandela ni nadie significativo como para hacer ningún cambio en el mundo o ejercer ninguna influencia sobre él"*. Con el tiempo aprendí que el simple hecho de que yo hiciera un cambio en mi vida era suficiente para empezar a cambiar el mundo. Recuerda que las grandes cosas están hechas de muchas cosas pequeñas. Sin embargo, es cierto que muchas veces no tenemos control ni de las cosas pequeñas: lo único que podemos controlar es nuestra decisión. Cuando acepté que el cambio empezaba en mí, me di cuenta de que yo tenía el poder de transformar el mundo una persona a la vez y la primera persona era yo.

Desde entonces, he tenido la oportunidad de influir sobre cientos de personas, a través de mis palabras y acciones. En mi lucha por transformar el mundo he tenido que transformar también mi vida. Y muchas veces no ha sido fácil; pero la satisfacción de saber que alguien ha descubierto una esperanza cuando todo parecía perdido, me motiva a continuar. Este libro en tus manos no es más que un intento por transformar el mundo. Ahora te hago la pregunta a ti: *¿cómo puedes hacer tú una diferencia en el mundo?*

¿CÓMO PUEDO HACER UNA DIFERENCIA EN EL MUNDO?

Imagina por un minuto, que tu lápiz es una varita mágica con el poder de convertir todos tus sueños en realidad, imagina cómo tus sueños pueden cambiar el mundo. Recuerda que el cambio te afectará a ti y a tus seres queridos en primer lugar.

_____

_____

_____

_____

_____

_____

_____

_____

_____

EJERCICIO

DESCRIBE CÓMO TE VES EN EL FUTURO EN CADA UNA DE LAS ÁREAS

En la primera etapa hablamos de las siete áreas de la vida y descubriste dónde estabas en cada una de ellas. Para muchos, los resultados del ejercicio fueron una sorpresa, para otros fueron la confirmación de sus sospechas; la verdad es que nadie está al 100% en todas las áreas de la vida.

El siguiente ejercicio está diseñado con el propósito de ayudarte a visualizar cómo podría ser tu vida en el futuro, en cada una de las áreas.

Tener objetivos claros es indispensable para lograr cambios significativos en la vida. Imagina ahora tu futuro en el área de estado físico: tienes mucha energía y estás en un peso adecuado; entras en tu clóset de ropa y todas tus prendas de vestir te quedan de maravilla. Tu objetivo podría ser, entonces, comprar una membresía en un gimnasio; sin embargo ese no es un objetivo claro y puntual. En cambio, si te propusieras comer seis veces al día pequeñas porciones; ejercitar lunes, miércoles y viernes a las 6:00 AM; caminar 10.000 pasos por día; beber la mitad de tu peso en onzas de agua (150 LB / 2= 75 OZ de agua), ésos serían objetivos específicos y claros. **Es casi imposible alcanzar metas si los objetivos no son específicos.**

Todas las áreas de vida son igualmente importantes sin embargo, dependiendo de la etapa de la vida en que te encuentres, algunas de las áreas tomarán una posición de mayor jerarquía. Así, un estudiante universitario y un padre de familia tienen distintas prioridades; por esta razón, las áreas que deben fortalecer para tener una vida balanceada son totalmente distintas. Por otra parte, todos tenemos tendencia a priorizar un área más que a las otras; esto es el resultado de cómo hemos crecido. Muchas veces le damos prioridad al área en que más carencias hemos tenido durante nuestro crecimiento y desarrollo, como también se puede dar el caso de que adoptemos las preferencias de nuestros padres, tutores u otras personas influyentes en nuestras vidas. Todo esto es cierto; pero más importante aún es que, sin importar cuál es nuestra área favorita, todas deben estar en balance. Como las prioridades cambian según la etapa de vida que estés viviendo, piensa que balancear tus áreas es como ecualizar una canción.

Reconocer cuáles son las áreas más importantes de tu vida te dará una visión de tu personalidad y de tus tendencias. Yo he tenido clientes en mi práctica como *wellness y life coach* cuya área de estado físico es la más importante en sus vidas y se nota en sus cuerpos; en cambio, si les preguntas a estas personas cómo creen que están en esa área en particular, muchas veces responden que tienen que trabajar mucho más. Su percepción del éxito en esta área está sensiblemente desproporcionada en relación con el resto de las áreas. Este es uno de los motivos por los que muchas personas no logran alcanzar un balance en la vida, y todos somos en cierta medida culpables de esta tendencia. No tiene nada de malo que tengamos preferencia por un área; ahora bien, reconocer cuál o cuáles son tus áreas preferidas y por qué, te dará más control en el camino a una vida balanceada.

Yo soy un entrenador personal y *wellness coach* certificado; por tanto, se podría suponer que el área de estado físico es la más importante para mí, dado que es a esa área a la que dedico más tiempo; pero la realidad es que el área más importante para mí es la familiar. No obstante, es importante encontrar el balance entre todas las áreas, al igual que debe serlo para ti. Puesto que las dos áreas que más priorizo son la de estado físico y la familiar, todos los días hago cosas para fortalecer a las demás. Pero me estoy adelantando en el proceso, así que paremos esta conversación por un minuto, para que puedas responder la siguiente pregunta.

2.2.3 EJERCICIO DESCRIBE CÓMO TE VES EN EL FUTURO EN CADA UNA DE LAS ÁREAS

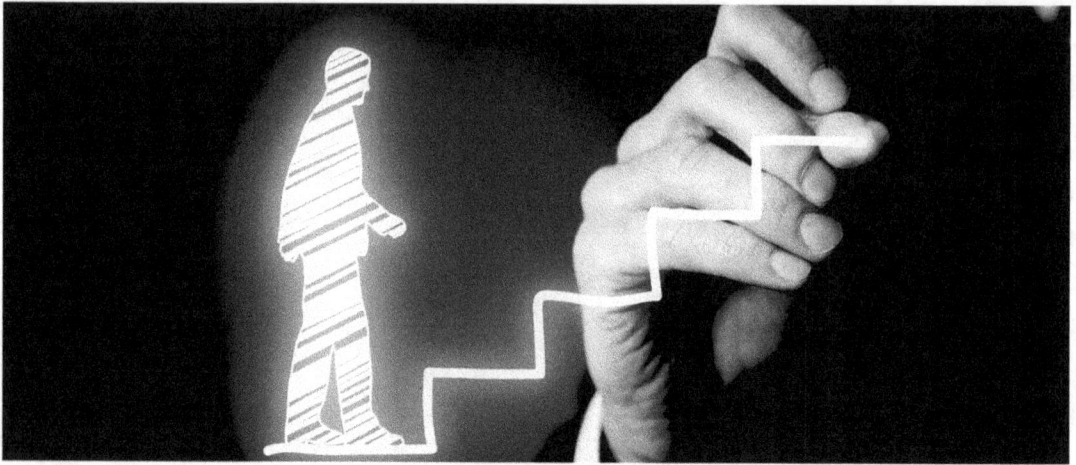

¿Cómo imaginas tu vida futura en relación con cada una de las áreas?

A continuación, describe tu visión del futuro en cada una de las áreas. Imagina por un minuto que estás viviendo en cada área en particular la vida de tus sueños y describe cómo será tu estado en cada una de las áreas elegidas.

Los objetivos.

Ahora vamos a realizar la lista de objetivos específicos. Te he provisto un espacio para 10 objetivos porque entiendo que más de diez son demasiados. Recuerda que este material no es para hacerlo una vez en tu vida y olvidarlo. Te recomiendo revisarlo cada seis meses y si en ese momento has alcanzado cierta cantidad de estos objetivos, los puedes borrar y agregar nuevos, sin embargo, es recomendable empezar con diez o menos. Por ejemplo, en el área de estado físico: ¿cuántas veces por semana entrenarías?, ¿cómo sería tu dieta alimenticia?, ¿cuántos vasos de agua tomarías?, ¿qué tamaño de ropa utilizarías?, ¿cuánto quieres pesar?

Área
PERSONAL

¿CÓMO TE VES EN EL FUTURO EN EL ÁREA PERSONAL?

_____

_____

_____

_____

_____

_____

_____

_____

_____

LISTA OBJETIVOS RELACIONADOS CON ESTA ÁREA.

1	
2	
3	
4	
5	
6	
7	
8	
9	
10	

¿Cómo imaginas tu vida futura en relación con cada una de las áreas?

A continuación, describe tu visión del futuro en cada una de las áreas. Imagina por un minuto que estás viviendo en cada área en particular la vida de tus sueños y describe como será tu estado en cada una de las áreas elegidas.

Los objetivos.

Ahora te toca a ti realizar tus objetivos específicos. Te he provisto un espacio para 10 objetivos porque entiendo que más de diez son demasiados. Recuerda que este material no es para hacerlo una vez en tu vida y olvidarlo. Te recomiendo revisarlo cada seis meses y si en ese momento has alcanzado cierta cantidad de estos objetivos, los puedes borrar y agregar nuevos, sin embargo, es recomendable empezar con diez o menos. Por ejemplo, en el área de estado físico: ¿cuántas veces por semana entrenarías?, ¿cómo sería tu dieta alimenticia?, ¿cuántos vasos de agua tomarías?, ¿qué tamaño de ropa utilizarías?, ¿cuánto quieres pesar?

Área
ESTADO FÍSICO

¿CÓMO TE VES EN EL FUTURO EN EL ÁREA ESTADO FÍSICO?

_____

_____

_____

_____

_____

_____

_____

_____

_____

LISTA OBJETIVOS RELACIONADOS CON ESTA ÁREA.

1	
2	
3	
4	
5	
6	
7	
8	
9	
10	

¿Cómo imaginas tu vida futura en relación con cada una de las áreas?

A continuación, describe tu visión del futuro en cada una de las áreas. Imagina por un minuto que estás viviendo en cada área en particular la vida de tus sueños y describe como será tu estado en cada una de las áreas elegidas.

Los objetivos.

Ahora te toca a ti realizar tus objetivos específicos. Te he provisto un espacio para 10 objetivos porque entiendo que más de diez son demasiados. Recuerda que este material no es para hacerlo una vez en tu vida y olvidarlo. Te recomiendo revisarlo cada seis meses y si en ese momento has alcanzado cierta cantidad de estos objetivos, los puedes borrar y agregar nuevos, sin embargo, es recomendable empezar con diez o menos. Por ejemplo, en el área de estado físico: ¿cuántas veces por semana entrenarías?, ¿cómo sería tu dieta alimenticia?, ¿cuántos vasos de agua tomarías?, ¿qué tamaño de ropa utilizarías?, ¿cuánto quieres pesar?

EJERCICIO

Área
FAMILIAR

¿CÓMO TE VES EN EL FUTURO EN EL ÁREA FAMILIAR?

_____

_____

_____

_____

_____

_____

_____

_____

_____

LISTA OBJETIVOS RELACIONADOS CON ESTA ÁREA.

1	
2	
3	
4	
5	
6	
7	
8	
9	
10	

¿Cómo imaginas tu vida futura en relación con cada una de las áreas?

A continuación, describe tu visión del futuro en cada una de las áreas. Imagina por un minuto que estás viviendo en cada área en particular la vida de tus sueños y describe como será tu estado en cada una de las áreas elegidas.

Los objetivos.

Ahora te toca a ti realizar tus objetivos específicos. Te he provisto un espacio para 10 objetivos porque entiendo que más de diez son demasiados. Recuerda que este material no es para hacerlo una vez en tu vida y olvidarlo. Te recomiendo revisarlo cada seis meses y si en ese momento has alcanzado cierta cantidad de estos objetivos, los puedes borrar y agregar nuevos, sin embargo, es recomendable empezar con diez o menos. Por ejemplo, en el área de estado físico: ¿cuántas veces por semana entrenarías?, ¿cómo sería tu dieta alimenticia?, ¿cuántos vasos de agua tomarías?, ¿qué tamaño de ropa utilizarías?, ¿cuánto quieres pesar?

Área
MENTAL

¿CÓMO TE VES EN EL FUTURO EN EL ÁREA MENTAL?

_____

_____

_____

_____

_____

_____

_____

_____

_____

LISTA OBJETIVOS RELACIONADOS CON ESTA ÁREA.

1	
2	
3	
4	
5	
6	
7	
8	
9	
10	

¿Cómo imaginas tu vida futura en relación con cada una de las áreas?

A continuación, describe tu visión del futuro en cada una de las áreas. Imagina por un minuto que estás viviendo en cada área en particular la vida de tus sueños y describe como será tu estado en cada una de las áreas elegidas.

Los objetivos.

Ahora te toca a ti realizar tus objetivos específicos. Te he provisto un espacio para 10 objetivos porque entiendo que más de diez son demasiados. Recuerda que este material no es para hacerlo una vez en tu vida y olvidarlo. Te recomiendo revisarlo cada seis meses y si en ese momento has alcanzado cierta cantidad de estos objetivos, los puedes borrar y agregar nuevos, sin embargo, es recomendable empezar con diez o menos. Por ejemplo, en el área de estado físico: ¿cuántas veces por semana entrenarías?, ¿cómo sería tu dieta alimenticia?, ¿cuántos vasos de agua tomarías?, ¿qué tamaño de ropa utilizarías?, ¿cuánto quieres pesar?

Área
FINANCIERA

¿CÓMO TE VES EN EL FUTURO EN EL ÁREA FINANCIERA?

_____

_____

_____

_____

_____

_____

_____

_____

_____

LISTA OBJETIVOS RELACIONADOS CON ESTA ÁREA.

1	
2	
3	
4	
5	
6	
7	
8	
9	
10	

¿Cómo imaginas tu vida futura en relación con cada una de las áreas?

A continuación, describe tu visión del futuro en cada una de las áreas. Imagina por un minuto que estás viviendo en cada área en particular la vida de tus sueños y describe como será tu estado en cada una de las áreas elegidas.

Los objetivos.

Ahora te toca a ti realizar tus objetivos específicos. Te he provisto un espacio para 10 objetivos porque entiendo que más de diez son demasiados. Recuerda que este material no es para hacerlo una vez en tu vida y olvidarlo. Te recomiendo revisarlo cada seis meses y si en ese momento has alcanzado cierta cantidad de estos objetivos, los puedes borrar y agregar nuevos, sin embargo, es recomendable empezar con diez o menos. Por ejemplo, en el área de estado físico: ¿cuántas veces por semana entrenarías?, ¿cómo sería tu dieta alimenticia?, ¿cuántos vasos de agua tomarías?, ¿qué tamaño de ropa utilizarías?, ¿cuánto quieres pesar?

Área
ESPIRITUAL

¿CÓMO TE VES EN EL FUTURO EN EL ÁREA ESPIRITUAL?

_____

_____

_____

_____

_____

_____

_____

_____

_____

LISTA OBJETIVOS RELACIONADOS CON ESTA ÁREA.

1	
2	
3	
4	
5	
6	
7	
8	
9	
10	

¿Cómo imaginas tu vida futura en relación con cada una de las áreas?

A continuación, describe tu visión del futuro en cada una de las áreas. Imagina por un minuto que estás viviendo en cada área en particular la vida de tus sueños y describe como será tu estado en cada una de las áreas elegidas.

Los objetivos.

Ahora te toca a ti realizar tus objetivos específicos. Te he provisto un espacio para 10 objetivos porque entiendo que más de diez son demasiados. Recuerda que este material no es para hacerlo una vez en tu vida y olvidarlo. Te recomiendo revisarlo cada seis meses y si en ese momento has alcanzado cierta cantidad de estos objetivos, los puedes borrar y agregar nuevos, sin embargo, es recomendable empezar con diez o menos. Por ejemplo, en el área de estado físico: ¿cuántas veces por semana entrenarías?, ¿cómo sería tu dieta alimenticia?, ¿cuántos vasos de agua tomarías?, ¿qué tamaño de ropa utilizarías?, ¿cuánto quieres pesar?

Área
PROFESIONAL

¿CÓMO TE VES EN EL FUTURO EN EL ÁREA PROFESIONAL?

_____
_____
_____
_____
_____
_____
_____
_____
_____
_____

LISTA OBJETIVOS RELACIONADOS CON ESTA ÁREA.

1	
2	
3	
4	
5	
6	
7	
8	
9	
10	

"Si encuentras un camino sin obstáculos, es probable

que no lleve a ninguna parte"

-Frank A. Clark.

NOTAS

DÓNDE ESTOY
"SECCIÓN 3"

SUPERANDO LAS LIMITACIONES

Hace veinte años tuve la gran idea de crear un supermercado en línea (una tienda de abarrotes). En ese entonces, aunque la tecnología había avanzado lo suficiente, la idea era revolucionaria y complicada con la tecnología disponible.

Peor aún, yo no poseía los conocimientos o el poder económico para hacer realidad mi idea. Hice pues, una lista de mis limitaciones para descubrir que yo tenía un gran sueño pero no los medios para hacerlo realidad; sentí decepción porque sabía que el concepto podía ser un éxito. El dilema era olvidarme de la idea o buscar la manera de alcanzar algo que parecía imposible.

Empecé a presentar el proyecto a varios amigos. Como era de esperárselo, muchos dijeron que yo estaba loco, que una empresa de esa magnitud necesitaba muchos recursos… ¡Como si yo no lo supiera! Pero esto no me detuvo, sino que seguí tocando puertas. Cuando parecía que mi sueño sería solo eso, un sueño, milagrosamente en pocas semanas las primeras puertas empezaron a abrirse y la más importante de esas puertas fue la de mi mejor amigo y compadre, quien toda la vida ha creído que cuando yo me propongo algo lo puedo lograr. Gracias a su ayuda muchas otras puertas se abrieron.

Mi lista de limitaciones incluía las dificultades para contratar un grupo de profesionales formado por abogado, mercadólogo, diseñador gráfico, ingenieros de cómputo, entre otros. Para mi sorpresa, en un mes ya había conseguido todos los profesionales que necesitaba, relativamente gratis, con excepción de los ingenieros de cómputo. A una de las compañías más grandes del país en cuestiones de internet le pareció interesante el proyecto y se involucró.

Pero con todo esto todavía hacía falta dinero. En cuanto a mí, yo estaba más entusiasmado que nunca, tanto que comencé a buscar compañías que quisieran ser parte de este proyecto único en República Dominicana, que tendría repercusión internacional. ¿Quién no quiere tener una oportunidad en un proyecto con esas características? La verdad es que solo yo pensaba de esa manera, así que seguí adelante haciendo llamadas telefónicas, mandando cartas, visitando empresas y haciendo todo lo que estaba a mi alcance.

Muchas compañías me dieron la oportunidad de reunirme con ellas para presentarles la idea. Recuerdo que tenía que llegar a estas reuniones 30 a 45 minutos más temprano para quitarme el sudor de la cara y refrescarme en el aire acondicionado del edificio donde tendría lugar la reunión, ya que mi auto no tenía aire acondicionado. Fue así como aprendí a llegar temprano a todas partes. Pero eso no era lo único que tenía que hacer, sino que además tenía que parquear mi auto lo más lejos posible, por vergüenza: ¿cómo presentar un negocio que seguramente revolucionaría el mercado y llegar en un auto que se caía a pedazos? Desde luego no era una buena imagen para el

negocio. Para colmo de males, tampoco contaba con el vestuario más adecuado para esta clase de reuniones, lo que me obligaba a anotar en una libreta cómo iba vestido a cada una de las reuniones para evitar presentarme ante las mismas personas con el mismo vestuario, pues muchas veces una única reunión no era suficiente. Obviamente, eso tampoco era bueno para el negocio.

No estaba dispuesto a detenerme por nada. Entre las cosas que pude lograr figuraba una tarjeta de crédito VISA con el nombre de mi compañía, un lanzamiento valorado en más de un 1.000.000 de pesos (USD 55.000), con presencia en los medios de comunicación más importantes del país, todo patrocinado por múltiples compañías de gran prestigio a nivel de República Dominicana y a nivel internacional. El capital de la empresa pasó de $ 0 a aproximadamente $ 3.000.000 (USD 170.000). Esto fue hace 15 años, cuando esas sumas eran realmente mucho dinero. Poco tiempo después fuimos comprados por otra empresa.

Las limitaciones siempre estarán presentes de un modo u otro. Depende de ti quedarte paralizado o correr hacia delante hasta alcanzar el éxito.

Ahora ya sabes que vivía en República Dominicana, pero, como te he dicho antes, he escrito este material residiendo en Houston, Texas, donde vivo desde hace ocho años. Hoy tengo muchas metas, una de ellas es ser un charlista reconocido internacionalmente, pero como ya habrás podido imaginar mi primer idioma es el español, si bien el 90% de las charlas que doy son en inglés. Y eso no es todo: estas charlas las ofrezco a profesionales en múltiples empresas. Es cierto que el idioma es una limitación, pero una vez más me enfrento al dilema: ¿renuncio a mis sueños o persigo mis sueños hasta alcanzar el éxito? ¿Qué crees tú que debo hacer? Si has aprendido hoy algo de mí, entonces no es necesario decir que importan muy poco las limitaciones que se me presenten, pues yo perseguiré mis sueños hasta el fin del mundo si es necesario.

En mi experiencia como *life coach* he escuchado a muchas personas decirme que no tienen ninguna limitación. Ignoran que el solo hecho de pensar así es una limitación: nadie está exento de limitaciones, así que yo sé que tú también las tienes. Lo más importante es que estoy seguro de que si te lo propones las podrás superar, claro que para superarlas primero tienes que saber cuáles son.

A continuación tendrás que listar tus limitaciones. No tengas miedo y sé sincero contigo mismo. Cuanto más conozcas a tu enemigo, mejor preparado estarás para vencerlo. De esta misma manera, tener una lista de tus limitaciones es el primer paso para superarlas y alcanzar el éxito.

2.3.1 EJERCICIO SUPERANDO LAS LIMITACIONES

LISTA LO QUE CONSIDERAS QUE SON TUS LIMITACIONES

1	
2	
3	
4	
5	
6	
7	
8	
9	
10	

NOTAS

PERDÓN EL REMEDIO DEL CORAZÓN

Aunque el término "perdón" ha sido utilizado desde tiempos inmemoriales, muchos tienen una idea incorrecta de lo que es; piensan que el perdón es una emoción y no pueden estar más equivocados: el perdón es una decisión consciente, es decir que solo tú tienes la llave que puede liberarte de la prisión del rencor y el odio.

Si no perdonas, permaneces atado al pasado; esto es lo que te incapacita para vivir un presente que llene todos tus sentidos y peor aún, no te permite alcanzar un futuro como el que quieres vivir.

Cuando hablo de perdonar no me refiero a olvidar. Primero, porque pedirte que olvides es imposible y segundo, tú eres el resultado de tus memorias y son estas las que te dan la capacidad de construir un mejor presente y un mejor futuro. Cuando hablo de perdonar me refiero a recordar sin dolor ni rencor.

Cuando perdonamos le quitamos el poder al pasado, dándonos la oportunidad de vivir en el presente, sin importar quién nos hizo daño o si nosotros mismos nos equivocamos. Muchas veces la persona más difícil de perdonar somos nosotros mismos. Esto es algo que nos hace vivir una y otra vez en el pasado y –lamentablemente- no tenemos ningún control sobre el pasado. Por otra parte, tampoco es saludable no perdonar y es que el cuerpo no reconoce la diferencia entre un pensamiento y la realidad. Me explico: si nos sentamos a pensar en un momento en el que alguien nos hizo daño o en un momento en el que estábamos atravesando una dificultad importante, el cuerpo responderá a este pensamiento de la misma forma como en que si el evento estuviera ocurriendo en ese momento; tu corazón empezará a palpitar más rápido; tendrás las manos sudorosas, y todas las reacciones físicas que sueles tener cuando estás atravesando una situación similar en la vida real. En el libro de texto que lleva el mismo título que este, explico cómo las distintas emociones se pueden sentir en las distintas partes del cuerpo, basándome en los estudios de programación neurolingüística desarrollados por el doctor Paul Mckenna, Ph.D. Según McKenna, cada ser humano siente las mismas emociones en distintos lugares del cuerpo; por ejemplo, yo siento las emociones negativas en el estómago; cuando estoy asustado siento un vacío en el estómago. De igual forma, tu cuerpo pasa por reacciones

químicas que están reservadas para protegerte en momentos de peligro, pero no es saludable mantener el cuerpo sometido a esta clases de tensiones cuando realmente no está ocurriendo nada. Hoy en día esta es una de las causas principales por las cuales la población norteamericana vive en un estado de estrés y el efecto más visible es la obesidad: lo creas o no, el estrés engorda. Lo único que podemos controlar plenamente es el presente, y cuando digo 'el presente' me refiero a este instante. Tu futuro depende de lo que decidas y hagas ahora, en este momento, al leer estas palabras.

El perdón es una decisión que yo he tenido que tomar muchas veces y es que no perdonar fue lo que más dilató mi progreso y éxito en la vida. En mi caso, aprender a perdonar fue la lección que más tiempo me tomó. En un principio fue perdonar a otros, lo que por sí solo parecía imposible, pero más difícil aún fue perdonarme a mí mismo.

En el momento en que decidí vivir en Houston, TX, yo era muy exitoso en República Dominicana, y por múltiples razones e historias que cuento en el libro de texto homónimo, tomé la decisión de hacer un cambio radical. Después de mucho planeamiento y con ciertas condiciones como una casa propia, automóviles y suficientes ahorros para vivir por lo menos tres años, las cosas no salieron ni cerca de lo planeado. Parecía que el fin había llegado, y yo era el único culpable de haber destruido toda la seguridad que había creado para mi familia en el pasado: aparentemente mi papá tenía razón. Recuerdo cuando uno de mis niños me pidió unas galletitas en una tienda de abarrotes y tuve que decirle que no, porque tenía menos dinero que el que necesitábamos para comprar los alimentos. No pude contener las lágrimas y tuve que refugiarme en uno de los baños. Quizás estarás diciendo que eso no era tan importante, que por qué tanto drama y tienes razón, pero el odio y la vergüenza que sentía hacía mí no era algo tan simple como el hecho de negarle unas galletitas a mi hijo.

Cuando no nos perdonamos a nosotros mismos los errores que hemos cometido, es cuando más indefensos estamos frente al presente; debilitados por el rencor no somos capaces de tomar las mejores decisiones que nos pueden llevar a vivir un futuro mejor.

No fue sino hasta que pude perdonar a otros y a mí mismo que logré salir de la posición de estanco en que me encontraba.

Pero la lección más grande que he aprendido en la vida es que el que no perdona es el que sufre, el que no es perdonado no sufre, y muchas veces ni se entera del daño que pudo haber causado.

Entonces, el perdón no es para el otro; es para nosotros mismos, ya que ayuda a vivir una vida más libre y más abierta a nuevas posibilidades en lugar de quedarnos atorados en el pasado. El perdón nos ayuda a liberarnos del sufrimiento.

PERDONANDO A OTROS

Uno de los participantes de mi seminario, cuando llegamos a este punto, me preguntó si solo tenía diez casillas para listar a las personas que tenía que perdonar, porque él necesitaba mucho más que eso... Espero que ese no sea tu caso. Lista los nombres de aquellos a quienes consideras más importantes perdonar en esta etapa de tu vida.

LISTAR PERSONAS QUE TIENES QUE PERDONAR.

1	
2	
3	
4	
5	
6	
7	
8	
9	
10	

"El perdón es una decisión no una emoción"

- Edgar J. Rodríguez

PERDONANDO A DIOS

Más allá de las creencias religiosas que cada uno tiene, la mayoría de nosotros creemos en un ser supremo, en una energía, en el universo o en una fuente de donde todo proviene y que está fuera de nuestro control. Pero aún sino crees en nada, siempre habrá cosas que estén fuera de tu control. No importa que hayas hecho todo lo necesario, aun así hay cosas que salen de una manera que no tiene nada que ver con el resultado que tú esperabas; peor aún, hay cosas que han llegado a tu vida sin que tú las esperaras, y algunas de ellas han sido tan agresivas que todavía tienes las cicatrices. Como dice el refrán: "También a las personas buenas les suceden cosas malas". Cuando hablo de Dios me refiero a todo eso que sucede sin que podamos hacer nada; tú llámalo como quieras. Estoy abierto a todas las creencias y posturas, pero para mí "Dios está en todas partes y Él es amor; las cosas malas no provienen de Él, ni son un castigo por nuestra conducta. Más de una vez son esas cosas malas las que más nos enseñan, para mí hay un Dios y Él solo tiene amor para darte. Si alguna vez has levantado tu rostro al cielo y has dicho "¿Por qué a mí?", entonces este es un buen momento para perdonar lo que sea que la vida haya puesto en tu camino.".

LISTA COSAS QUE TIENES QUE PERDONAR.

1	
2	
3	
4	
5	
6	
7	

PERDONÁNDOTE A TI MISMO

Para mí esto siempre ha sido lo más difícil de todo. Suelo exigirme la perfección y la perfección no existe porque cada día podemos ser mejores sin importar qué tan buenos seamos en lo que sea que hagamos. Cuando decimos "Yo no tengo fuerza de voluntad para lograr mantener un régimen de ejercicio", "Yo siempre fracaso cuando intento algo nuevo", pensemos que no le hablaríamos a nadie de la manera tan dura en que nos hablamos a nosotros mismos. Es posible que hayas fracasado en algo alguna vez, perdónate e inténtalo nuevamente. Si tienes hijos, no creo que cuando eran bebés y empezaban a caminar lo lograran en el primer intento, y estoy seguro de que tú no les dijiste "Olvídalo, tú nunca podrás caminar"; al contrario, estoy seguro de que con mucho entusiasmo les dijiste "Inténtalo de nuevo que tú puedes"… ¡No seas tan duro contigo mismo!

LISTA COSAS QUE CONSIDERAS QUE TIENES QUE PERDONARTE.

1	
2	
3	
4	
5	
6	
7	
8	
9	
10	

NOTAS

"Eres capaz de mucho más de lo que estas pensando, imaginando o haciendo ahora"

-Myles Munroe

NOTAS

DÓNDE ESTOY
"SECCIÓN 4"

YO PUEDO

"Que serás derribado en la vida es un hecho; levantarse y seguir adelante es una opción ". - Zig Ziglar

Sé que muchas veces he sido muy duro con los demás porque yo siempre he vivido mi vida bajo el lema *"Si tú puedes, yo también"*; dicho de otro modo, *"Si yo puedo, tú también"*. Por lo tanto, la mayoría de los argumentos que me puedas dar como razones para 'no poder', son solo excusas. Sin embargo, la realidad es que esto no es totalmente cierto en todos los casos; pero si lo adoptas como tu lema te garantizo que alcanzarás más y mayores objetivos en tu vida. Artis Thompson es un amigo que perdió una de sus piernas en un accidente de motocicleta. Definitivamente esto es una tragedia para cualquier persona; pero lo que cada uno hace después, marca la diferencia entre una persona y otra. Este amigo es de admirar: después de recuperarse empezó a vivir su vida con la misma intensidad, o más, que antes del accidente; tal es así que participó en el programa de televisión American Ninja Warrior. Este programa es una competencia que exige un estado físico extraordinario Recuerdo un día -cuando él se estaba preparando para esa competencia-, en que me dijo "Edgar, mira mis manos". No sé si sabes que cuando levantas muchas pesas se te hacen callos en las manos, y cuando mi amigo me pidió que mirara sus manos, supuse que iba a ver grandes callos pero -para mi sorpresa- lo que vi fue espantoso; eran manos destruidas y al rojo vivo. Luego de una expresión de horror le pregunté si había sangrado mucho y se echó a reír. He conocido muchas personas fuertes en mi vida, pero este individuo no solo es fuerte físicamente sino también espiritualmente. Volviendo a lo que te decía al comienzo: si él puede, tú también puedes, solo tienes que proponértelo. No me refiero a competir en American Ninja Warrior -aunque ¿por qué no?-, hablo de sobreponerte a las adversidades que la vida pone enfrente de ti. Si quieres ver el episodio, visita la página web *http://www.nbc.com/search?q=artis*.

¿Tener confianza en que puedes, es suficiente? En realidad, tener la certeza de que si otros pudieron tú también puedes, es solo el primer paso. Tienes que fortalecer las destrezas que ya posees y muchas veces tendrás que descubrir muchas habilidades que no tenías ni idea de que poseías; para ello tienes que empezar a actuar. Pero de esto me ocuparé en el próximo capítulo.

De todos modos, algo que siempre te va ayudar es reconocer y aceptar tus rasgos de personalidad. Cada uno de nosotros ha nacido con rasgos muy particulares que pueden favorecernos en esta aventura de vivir, y tú no eres una excepción. Sin embargo, tienes que rodearte de personas que te inspiren para alcanzar grandes metas. Mi padre siempre decía "El que con cojo anda, al año cojea"; en otras palabras, si te rodeas de personas sin ninguna aspiración y con una actitud negativa frente a la vida, tú terminarás en el mismo camino: es por esto que es tan importante rodearse de las personas correctas. Sé lo que estás pensando porque me ha sucedido a mí también: ¿qué hago con los amigos que tengo y que son así? No tienes que llamarlos y decirles "¿Sabes que he leído un libro que dice que no debo andar con personas como tú?" ¡No, no, no! Eso sería muy injusto y de muy mal gusto. No te voy a decir qué hacer; solo te voy a contar lo que yo hago en esos casos. Aún hoy -mientras escribo este libro- tengo un amigo cuyas conversaciones siempre terminan en una historia trágica; es como si el fin del mundo estuviese ocurriendo todos los días. Pero yo le tengo un gran aprecio porque en los momentos en que yo estaba deprimido, era con quien hablaba diariamente. A medida que fui descubriendo la salida del abismo en que estaba viviendo, intenté que él siguiera mis pasos, pero se resistió y aún se resiste a cambiar su forma de pensar;

entonces no me quedó más remedio que dejar de llamarlo por teléfono y no juntarme con él. De vez en cuando, en esos días en que estoy tan positivo que siento que el mundo es muy pequeño para contener mi gran optimismo, entonces le doy una llamada para ver cómo está, y antes de que me bombardeé con misiles de negatividad le lanzo unas cuantas granadas de positivismo y me despido… ¡Uuuups! Ya dije mi secreto (No estoy hablando de ti, querido amigo, la persona que estoy describiendo en esta historia es ficticia… Ya lo sé, todos me dicen que no soy bueno con las mentiras; pero si estás leyendo esto, quiero que sepas que no importa que seas muy negativo: yo te quiero mucho y te aprecio como eres).

Es cierto que muchas veces no te sientes capaz de lograr ciertos objetivos, que hay metas que te parecen imposibles; pero si sigues adelante cambiarás tu manera de pensar. He visto sorprenderse a muchos de mis clientes cuando estamos trabajando en esta parte del programa, porque descubren que poseen las cualidades, los recursos y las amistades fundamentales para alcanzar sus metas más preciadas. Quiero detenerme en la palabra "amigo": los amigos son un recurso muy valioso cuando de alcanzar tus metas se trata. Lo que te cuento a continuación ya lo dije en los **'Agradecimientos'**, pero me permito repetirlo porque me parece esencial recordarte la importancia que, como recurso, son los amigos, la familia y todas las personas allegadas… Además, si eres como yo, quizás no hayas leído los agradecimientos:

"Recuerdo un día en que estaba conversando con un amigo, el cual es muy exitoso en su carrera y, por lo que a mí concierne, también en su vida familiar. En aquella conversación mi amigo comentó: "Todo lo que he logrado ha sido con mi propio esfuerzo, lo he logrado todo solo, sin ayuda de nadie." Quizás tú hayas hecho un comentario parecido o lo hayas escuchado de otra persona.

Me tomó unos minutos recuperarme del comentario; yo creo que esta clase de pensamiento está totalmente errado. No hay manera de que una persona llegue a alcanzar ninguna meta por sí sola. Tal es así que, sin la ayuda de otras personas, tú no estarías leyendo este libro. Hubo alguien en tu vida que te alimentó; te enseñó a caminar y te protegió cuando estabas indefenso en tu infancia; alguien más te enseñó a leer y, gracias a esas personas, hoy puedes tomar la decisión de leer este libro.

De la misma manera, hay personas que durante toda tu vida colaboran de una manera directa o indirecta, para que puedas alcanzar tus metas. Así, para terminar este libro necesité de la intervención y ayuda de muchas personas. Por esta razón es tan importante para mí dar gracias a todos aquellos que de una forma u otra han colaborado en mi vida: es gracias a ellos que hoy estoy escribiendo este libro."

Es por todas las razones anteriores que debes completar los próximos ejercicios, cuya finalidad es grabar en tu mente consciente todas las cualidades que posees y que puedes utilizar para alcanzar tus metas. Todo esto de que te vengo hablando, es lo que estimulará tu creatividad para empezar a generar nuevas oportunidades; es que todo depende de ti, las oportunidades siempre están pero tú tienes que descubrirlas. No importa la situación en que te encuentres, siempre hay una oportunidad de alcanzar un mejor porvenir. No estoy tratando de sonar como el hombre más positivo del mundo, pero por experiencia propia he aprendido esto que te digo. En el libro de texto cuento historias personales que validan mi teoría. Para satisfacer tu curiosidad te doy un ejemplo: Un padre alcohólico tiene dos hijos, cuando ellos llegan a la adultez, uno se convierte en alcohólico y el otro en doctor. Ambos crecieron en el mismo ambiente, entonces, ¿cómo es posible que hayan tomado caminos tan diferentes? Le pregunté al hijo alcohólico ¿ por qué su vida era como era?, ¿ por qué era alcohólico? y respondió: "es que no tuve otra opción, yo crecí alrededor de un padre alcohólico, en mi casa había botellas por todas partes, sus amigos lo visitaban solo para emborracharse; peor aún, mi padre abusaba físicamente de mi madre y esos recuerdos me han hecho llegar adonde estoy hoy, perdido en el alcoholismo como mi papá, Él es el culpable de mi desdicha por no haberme brindado la oportunidad de ser un hombre de bien, en verdad no tuve otra opción que ser alcohólico". Cuando entrevisté al otro hermano, el que era doctor, me contó la misma

historia que su hermano alcohólico. Esto me llamó mucho la atención, por lo cual le pregunté cómo había terminado siendo doctor, y me respondió: "Permíteme contarte; mientras mi padre maltrataba a mi madre todo lo que podía pensar era cómo podía yo sacar a mi madre de esa situación, y por otra parte me juré no ser nunca como él. Tomé esta situación como un motivador para ser un mejor hombre que mi padre. Bajo esas circunstancias, no puedo mentir, fue dificultoso alcanzar mis metas; pero para mí no era una opción, era una decisión que tenía que tomar".

Tú no tienes ningún control sobre algunas circunstancias que se te presentan en la vida, pero sí tienes el control sobre cómo reaccionas frente a ellas: lo que te parece una tragedia puede ser una oportunidad. Cuando ves las situaciones aparentemente negativas como una oportunidad, la vida te presenta más oportunidades a través de la misma tragedia; pero cuando ves esas situaciones como una tragedia la vida te ofrece más motivos para confirmar que es una tragedia. Te explico: cuando el hijo alcohólico me contó su historia, mi primera intención fue consolarlo y decirle que lo entendía, que él era una víctima desvalida; pero cuando escuché al doctor mi mente creativa empezó a trabajar y me llegaron varias ideas de cosas que él podía hacer para mejorar aún más su vida. Este fenómeno se da siempre, es por eso que la vida misma te ofrecerá más de lo que tú decidas obtener: más oportunidades o más motivos para sentirte derrotado, la decisión es tuya. Tú puedes alcanzar cualquier meta que te propongas.

DESCUBRIENDO QUE TÚ PUEDES

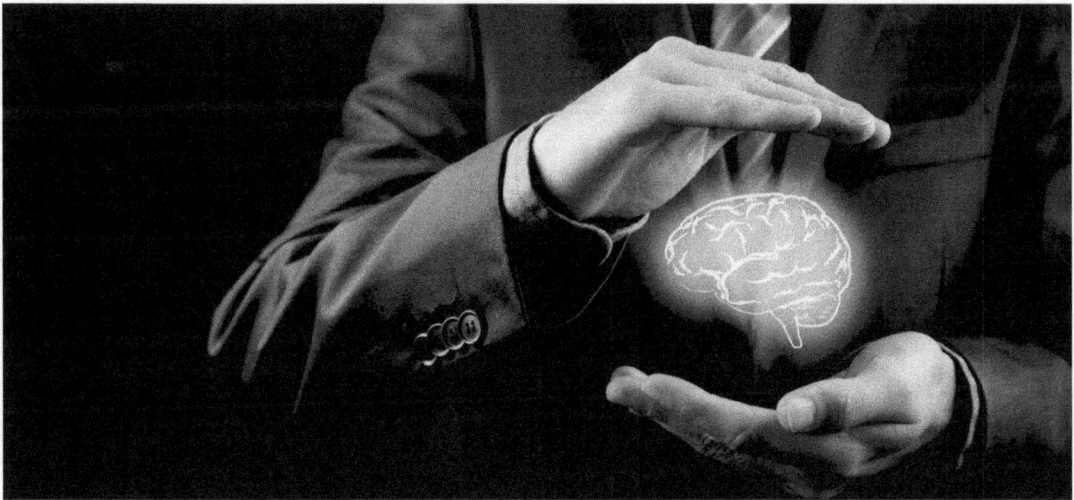

ENUMERAR DESTREZAS Y HABILIDADES QUE POSEES

1	
2	
3	
4	
5	
6	
7	
8	
9	
10	

Si necesitas ayuda con esta pregunta te recomiendo que visites **VIA** Institute on Character (http://edgarjrodriguez.pro.viasurvey.org) y tomes el examen de personalidad (puedes optar por la versión gratuita). Recibirás un reporte con los 24 rasgos más importantes. Sólo lista los cinco primeros.

LISTAR RASGOS DE PERSONALIDAD

1	
2	
3	
4	
5	
6	
7	
8	
9	
10	

"Los ganadores tienen el hábito de crearse

sus propias expectativas antes del evento"

-Brian Tracy.

NOTAS

"El hombre no es más que el producto de sus pensamientos. Se convierte en lo que piensa"

-Gandhi.

"SI ELLOS PUEDEN, YO TAMBIÉN."

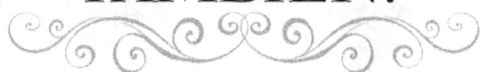

En varias ocasiones has leído mi frase favorita *"Si tú puedes, yo también"*, y es que yo he vivido mi vida entera bajo este lema, pero en este ejercicio lo he cambiado un poco: *"Si ellos pueden, yo también"*. Lo he dicho de esta manera porque hay más de una persona viviendo la vida que tú quieres vivir y haciendo lo que yo quiero hacer, de igual forma sé que hay personas viviendo, lo que hoy es un sueño para ti. Es posible que una de esas personas sea un gran deportista, como Michael Jordan, y que en el momento en que tú estés leyendo este ejercicio tengas 50 años. Te imagino diciendo algo que he escuchado mil veces, "Esto es tonto, ¿cómo que yo puedo ser como Michael Jordan?". La realidad es que si él puede, tú también. Quizás no puedas hacer las maravillas que él hace en la cancha, pero él es el mejor porque tiene la actitud de un campeón: practica más que todos sus compañeros, ha dedicado mucho tiempo de su vida al deporte… Quiero decir que aunque tú no puedas hacer las maravillas que él hace en la cancha de basketball, puedes emular la actitud que lo convirtió en un campeón: Michael Jordan no nació siendo un gran basquetbolista; pero su actitud, empeño y perseverancia lo convirtieron en el mejor.

Otro ejemplo que me gustaría utilizar es el de Sylvester Stallone. Por si no lo sabías, él es quien escribió y protagonizó la película "Rocky". Trató de vender el guión a Hollywood varias veces sin ningún éxito, cuando ya estaba en quiebra -al punto de que tuvo que vender su perro-, un estudio le ofreció comprar el guión pero se negó a venderlo si no le permitían ser el protagonista de la película, y todos conocemos el final de su esfuerzo porque casi todos hemos visto la película y conocemos el éxito de Sylvester Stallone. Una anotación interesante: cuando finalmente pudo obtener el contrato y cobrarlo, lo primero que hizo fue pararse frente al establecimiento donde vendió su perro y esperar por la persona que lo compró; cuando al fin apareció, le compró el perro por la suma de U$S 50.000, lo que en ese entonces era mucho más dinero de lo que es hoy.

Pues bien, quizás no llegues a ser un actor como Sylvester Stallone o un basquetbolista como Michael Jordan, pero sí puedes desarrollar la actitud perseverante y el carácter que los hizo triunfar: con estas cualidades estarás listo para perseguir tu sueños hasta el final.

Hay casos y situaciones en las que el lema “Si ellos pueden, yo también”, se puede interpretar de manera literal: si alguien que tú admiras logró convertirse en abogado, por ejemplo, tú también puedes; si alguien en la empresa en la que trabajas pudo ascender hasta ser un ejecutivo, tú también puedes; si alguien pudo crear una compañía exitosa como la que tú siempre has soñado, entonces tú puedes; si alguien escribió un libro, tú también puedes. Es que nadie, o mejor dicho casi nadie, empieza por el primer lugar; todos empezamos en el último lugar y solo aquellos que tienen como lema de vida *Si ellos pueden, yo también*” son los que llegan a la cima.

“Si yo pude, tú también”: no es cuestión de habilidades es cuestión de actitudes.

- LISTAR PERSONAS QUE ESTÁN VIVIENDO LA VIDA QUE TÚ QUIERES
- LISTAR CUALIDADES Y ACTITUDES.
- LISTAR VALORES.

PERSONAS

CUALIDADES Y ACTITUDES

VALORES

EJERCICIO

120

- LISTAR PERSONAS QUE ESTÁN VIVIENDO LA VIDA QUE TÚ QUIERES
- LISTAR CUALIDADES Y ACTITUDES.
- LISTAR VALORES.

PERSONAS

CUALIDADES Y ACTITUDES

VALORES

- LISTAR PERSONAS QUE ESTÁN VIVIENDO LA VIDA QUE TÚ QUIERES
- LISTAR CUALIDADES Y ACTITUDES.
- LISTAR VALORES.

PERSONAS

CUALIDADES Y ACTITUDES

VALORES

EJERCICIO

LISTAR QUÉ ME IMPIDE SER COMO ELLOS

1	
2	
3	
4	
5	
6	
7	
8	
9	
10	

LISTAR CUALIDADES, ACTITUDES Y VALORES QUE TIENES EN COMÚN.

1	
2	
3	
4	
5	
6	
7	
8	
9	
10	

"Si no estás cometiendo errores, no estás haciendo nada"

-John Wooden.

NOTAS

LA GRATITUD ES EL SECRETO DE LA FELICIDAD

La gratitud es una de las emociones más importantes y con más poder en la vida de cualquier ser humano. Con el tiempo nos hemos acostumbrado a dar las gracias por todo; cuando alguien nos sirve en un restaurante o nos abre la puerta en un establecimiento… Decir "gracias" es algo que hacemos cientos de veces al día, esto ha hecho que agradecer se haya convertido en algo normal y cotidiano, a lo que le prestamos poca importancia. Pero no podemos estar más equivocados, el hecho de dar las gracias no siempre significa que realmente tengamos una actitud de gratitud, muchas veces damos las gracias mecánicamente, sin darnos cuenta. Por lo tanto, no siempre disfrutamos, de los beneficios que ofrece vivir la emoción de la gratitud, y es que para esto tenemos que ser agradecidos con una consciencia clara de lo que estamos haciendo. No es lo mismo decir gracias por un vaso de agua, que ser agradecidos. No quiero decir que no des las gracias por los gestos amables de los demás sin importar lo pequeños que sean, pero la gratitud de que hoy te estoy hablando va mucho más allá de la palabra "gracias".

El sentimiento de gratitud ha sido estudiado desde el punto de vista espiritual, científico, emocional y físico. Se ha descubierto que es de gran importancia para mejorar nuestra calidad de vida. Algunos de los beneficios que derivan de experimentar gratitud son: mejoría del estado físico en general, fortalecimiento del sistema inmunológico, disminución de la presión arterial; en el ámbito psicológico y emocional genera emociones positivas y por lo tanto más alegría, optimismo y felicidad. Gracias a este estado emocional actuarás con más generosidad y compasión, lo que dará como resultado que te sientas menos solo y aislado.

Los beneficios de ser agradecido son innumerables, una vez más te recuerdo que he escrito un libro de texto donde detallo mucho más todos los temas que encuentras en éste, lo he hecho de esta manera porque la intención de este libro es darte las herramientas necesarias para descubrirte a ti mismo.

¿Cómo podemos disfrutar de los grandes beneficios de una actitud de gratitud constante? Cuando digo "constante" no me refiero a que estemos pensado en esto las 24 horas del día; pero al igual que para ser buenos en un deporte, debemos entrenar y practicar para que cada día seamos más agradecidos sin ningún esfuerzo. Para muchos de mis clientes esto se ha convertido en un estilo de vida y hasta en la manera en que hablan se refleja su actitud positiva, ahora bien, la pregunta es: ¿cómo podemos ejercitar y fortalecer nuestros sentimientos de gratitud?

1. Mantén un diario de gratitud.

Para esto puedes utilizar un cuaderno; si eres más tecnológico existen apps para tu teléfono o computadora; pero si eres como yo muchas veces pensarás "¿para qué escribirlo si lo puedo tener en la memoria?" Esto no funciona por dos razones principales: la primera es que estamos enfocados en ser agradecidos por todo, incluso por cosas pequeñas tales como el hecho de que tu sentido de la vista esté funcionando y te permita leer este libro; la segunda razón es que es imposible que recuerdes todos los detalles por los cuales estás agradecido. Te lo digo por experiencia propia: tienes que escribirlo.

2. Recuerda lo malo.

No es que seas negativo: recordar cosas que en un momento no funcionaban en tu vida y que hoy has superado te dará un sentido de progreso y triunfo, lo cual te ayudará a que seas más agradecido por las cosas buenas que hoy disfrutas. Esto me recuerda una reunión con uno de mis clientes de *life coaching*: estábamos trabajando en sus cinco sueños principales pero era momento de enfrentar nuevos retos, y en ese momento él no se sentía preparado para seguir avanzando, por lo que tuve que recordarle de dónde venía. Empecé a enumerarle todas las cosas malas que había superado en los últimos cuatro meses; recuerdo la cara de emoción que puso al responder "¡Es cierto! Gracias, Edgar, la verdad es que he progresado mucho". Luego le pregunté "¿Entonces crees que puedes enfrentarte a este nuevo reto?", y muy entusiasmado respondió "¡Claro que sí!" Es por esta razón que muchas veces tenemos que mirar hacia atrás, no para ver lo que hemos dejado sino más bien para ver cuánto hemos avanzado.

3. Aprender una oración de gratitud.

Muchas veces, aunque no lo hagamos conscientemente, estamos en estado de oración. En esos momentos en que nos perdemos en nuestros pensamientos estamos, de una manera u otra, orando -o si prefieres llamarlo de otra manera, meditando-. Tomar en el día un tiempo para meditar las cosas buenas que poseemos -como el hecho que hoy despertaste para descubrir que estabas vivo-, provocará un sentido de bienestar, y está comprobado que mientras mejor te sientas más creativo serás: sin importar la situación en que te encuentres, tú puedes orar y meditar las cosa buenas. Recuerdo que mientras conversaba con un cliente que atravesaba una situación económica muy mala, él me decía que con tantos problemas económicos no podía ponerse a pensar en las cosas buenas; su mente estaba llena de las cosas negativas que le podían ocurrir si su situación económica no mejoraba. El problema con esto es que mientras más te concentres en las cosas negativas, más difícil será salir de la situación ya que las emociones negativas anulan la creatividad, y lo que realmente necesitas en esos momentos son ideas creativas que te ayuden a encontrar una solución o una salida al problema.

4. Utiliza recordatorios visuales.

Está comprobado que nuestra imaginación funciona con imágenes. Por ejemplo, si te pido que pienses y me describas una día en la playa, probablemente hagas como la mayoría de las personas que primero cierran sus ojos o dirigen la vista a un lugar neutro porque esto les permite imaginar cómo se veía todo en ese día de playa que están recordando; luego traducen esa imagen en palabras. Por esta razón podemos utilizar las imágenes como recordatorio de las cosas por las que estamos agradecidos, yo tengo una fotografía de mi motocicleta porque ésta es la cuarta que tengo pero es la primera pagada en su totalidad: las demás las vendí antes de pagarlas completamente y aunque parezca tonto me llena de alegría y satisfacción cada vez que miro la foto porque ésa es mi moto.

5. Haz promesa de practicar la gratitud.

Debes comprometerte a practicar diariamente la gratitud, hasta que sea parte de tu diario vivir. Se trata de convertirlo en un hábito, y

para adquirir nuevos hábitos necesitas por lo menos de 6 a 10 semanas de práctica, esto aplica a cualquier clase de hábitos nuevos.

6. La gratitud atrae lo que queremos.

Mientras más agradecido seas por lo que tienes, más obtendrás lo que deseas. Hasta que no seas agradecido por las cosas pequeñas, no estarás listo para recibir las grandes.

Imagina que ayudas a un amigo y él te demuestra agradecimiento por tu gesto, te sentirás mas dispuesto a ofrecerle más ayuda cuando la necesite. Pero por el contrario, si él no se demuestra agradecido, tú no solo te sentirás decepcionado sino que tampoco te sentirás motivado a darle tu ayuda la próxima vez. De la misma manera funciona la vida: mientras más agradecido seas, más razones te dará la vida para ser agradecido.

No quiero dejar de mencionar algunos otros beneficios que aporta el sentimiento de gratitud: mejora las relaciones interpersonales, reduce la negatividad, mejora las habilidades para solucionar problemas y nos ayuda a aprender.

He creado un número de ejercicios con la intención de darte un punto de partida en tu aprendizaje y dominio del desarrollo de una actitud de gratitud, pero recuerda que este material es para que lo realices varias veces al año. Yo recomiendo por lo menos cada seis meses, y los ejercicios de esta parte te recomiendo que los conviertas en un hábito.

2.4.3 EJERCICIO LA GRATITUD ES EL SECRETO DE LA FELICIDAD

LISTAR BENEFICIOS YA OBTENIDOS, QUE NO QUIERES PERDER.

PERSONAL
ESTADO FÍSICO

FAMILIAR

MENTAL y/o EMOCIONAL

FINANCIERO

ESPIRITUAL

PROFESIONAL

LISTAR COSAS BUENAS QUE HAS RECIBIDO DE OTRAS PERSONAS.

1	
2	
3	
4	
5	
6	
7	
8	
9	
10	

RECONOCER Y LISTAR TRIUNFOS EN TU VIDA Y MOMENTOS CUANDO LA VIDA PARECÍA SONREÍRTE

1	
2	
3	
4	
5	
6	
7	
8	
9	
10	

EJERCICIO

LISTAR PERSONAS A QUIENES LES AGRADECES QUE ESTÉN O HAYAN ESTADO EN TU VIDA.

1	
2	
3	
4	
5	
6	
7	
8	
9	
10	

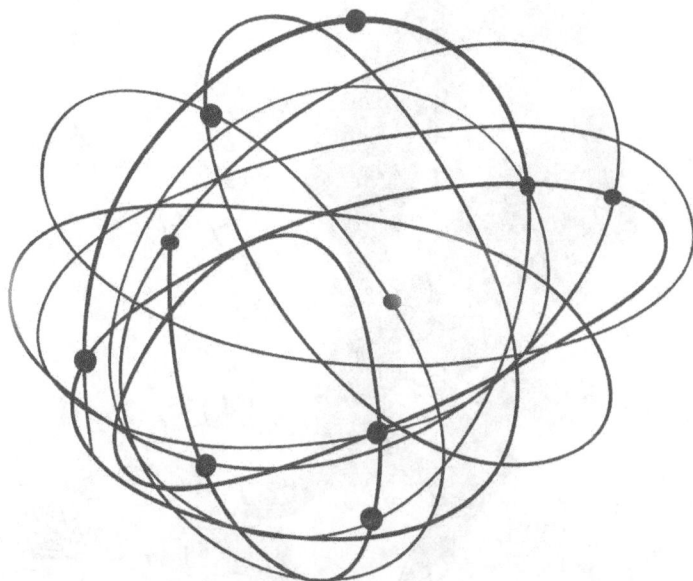

EL PLAN

Tercera Etapa

EL PLAN

"La falta de planificación es planificar el fracaso."
Alan Lakein.

Perder peso, ponerse en forma; dejar de fumar, aprender algo nuevo, comer saludable, son las resoluciones de inicio de año más comunes en estos tiempos.

Si todos los años las personas que toman esas decisiones lograran alcanzar sus metas, ¡imagínate el mundo en que viviríamos! Para empezar, sería un mundo bajo en colesterol y sin sobrepeso. Pero la realidad es que más de un 60% de las personas que toman decisiones de ese tipo nunca llegan a completarlas.

Las tres razones principales por las que no logran sus objetivos son: metas poco realistas, no determinan una fecha límite y falta de un plan estructurado.

Para lograr tus metas es necesario que completes los siguientes tres pasos:

Primero, saber lo que quieres y por qué. Es importante antes de empezar tu lista de metas que tengas claro por qué quieres alcanzarlas. Si no tenemos clara la razón por la cual hacemos algo, es muy difícil que logremos nuestras metas. El porqué lo hacemos, es lo que nos va a motivar para continuar hasta el final sin importar los obstáculos que se nos presenten en el camino. Recuerda: la razón por la cual hacemos algo está unida a una emoción y es esta emoción que nos impulsa a continuar.

Segundo, un plan estructurado. Cuando ya sabemos lo que queremos, tenemos que desarrollar un plan de ejecución, dividiendo nuestra meta en pequeñas porciones y cada vez que completes una de las porciones, sin importar lo pequeña que sea, es hora de celebrar.

Tercero, tomar acción. Joe Sabah dijo: "Usted no tiene que ser excelente para empezar, pero usted tiene que empezar para ser excelente". La razón principal por la que no actuamos es por temor y miedo al fracaso, cuando en realidad no hacer nada, es el verdadero fracaso. Intentarlo y fallar es solo una manera de aprender a hacerlo mejor la próxima vez.

Cuando planeamos, estamos organizando nuestro futuro en el presente. Como ya aprendimos antes, de lo único que tenemos control total es del presente. Recuerda: el único momento que realmente importa es el que estás viviendo ahora. Teniendo esto en cuenta, podemos decir que las personas que tienen un plan, también están teniendo control de su futuro. Sin embargo, cuando no tienes un plan, estás dejando tu vida al azar; o peor aún, le estás dando el control de tu futuro a otras personas.

Es por esto que, sin importar tu posición en la vida o en cualquier lugar que te desenvuelvas, debes tener un plan. Pongamos como ejemplo el área profesional: debes tener un plan del punto al que quieres llegar en tu carrera, de lo contrario tu jefe o tus superiores planearán por ti tu futuro en esa área, y esto afectará el balance de todas las demás áreas.

Es necesario que tengas un plan para cada área de la vida, porque si pierdes el control de una de ellas las demás se verán afectadas. Cuando digo que no debes dejar el

control de tu área profesional a tus superiores no quiero decir que te impongas sobre ellos, porque lo único que esto logrará es que te despidan; a lo que me refiero es a que si tú creas un plan para tus metas profesionales y laborales, sabrás qué hacer para escalar en la empresa y de una forma u otra estarás tomando control de los resultados finales. Por ejemplo, un plan de esta clase suena más o menos así: dedicaré una hora al día a educarme en las operaciones que pueden mejorar la empresa, me inscribiré en una universidad o instituto para adquirir educación más especializada; me presentaré al trabajo 20 minutos más temprano; saldré del trabajo 20 minutos más tarde, con lo cual no solo avanzaré más en mi trabajo sino que también me evitaré el tránsito; etcétera. Esto lo podemos aplicar a todas las áreas de la vida: para perder peso tienes que tener un plan o de lo contrario te garantizo que será imposible perderlo. Debes ser muy específico y determinado cuando se trata de hacer un plan.

Está comprobado que las personas que tienen un plan ganan más dinero que las que no lo tienen. Cuando Dave Jensen fue el más alto funcionario administrativo de la UCLA, en 1992, llevó a cabo un estudio sobre el beneficio de establecerse metas. Descubrió que las personas con un programa de objetivos equilibrado ganaron un promedio de USD 7.411 por mes. En 2011, esas cifras mostraron ganancias de USD 11.632.73 por mes. Jensen también descubrió que los individuos sin un programa de metas ganaron un promedio de USD 3.397 por mes, o USD 5.332.13 en 2011. ¡Eso es más de USD 6.000 extra al mes! Los que tenían un plan de objetivos también eran más felices, más saludables y se llevaban mejor con su familia.[1]

---

[1] Ziglar, Zig (06/08/2014). Nacido para Ganar: Encuentra tu código de éxito (Ubicaciones Kindle 638-650). Made for Success Publishing. Versión Kindle.

Es posible que no te esté diciendo nada nuevo, lo que nos lleva entonces a preguntarnos ¿por qué es que no tenemos un plan establecido para alcanzar todas nuestras metas en cada una de las áreas de la vida?. Como explican Chip Heath y Dan Heath en su libro "Switch"[2], el hemisferio o lado izquierdo del cerebro y el derecho funcionan de manera diferente. Los autores llaman al lado izquierdo *"el jinete"* y al lado derecho *"el elefante"*. El lado izquierdo es el que controla las decisiones relacionadas con la planificación y los cálculos, en tanto que el derecho controla las decisiones emocionales.

El ansia del *elefante* por la gratificación inmediata es lo opuesto a la fortaleza del *jinete*, que tiene capacidad para pensar a largo plazo; planificar, pensar más allá del momento (todas esas cosas que su mascota no puede hacer). Pero lo que tal vez le sorprenda es que el elefante también tiene fortalezas enormes y que el jinete tiene debilidades muy serias. El elefante no siempre es el malo, la emoción es su territorio: amor, compasión, simpatía y lealtad, el instinto para proteger a sus hijos del dolor. Ese es el elefante.

---

2 Heath, Chip; Dan Heath (2011-04-05). Switch (Spanish Edition) (Kindle Locations 145-150). Knopf Doubleday Publishing Group. Kindle Edition.

Si quieres que las cosas cambien, tienes que apelar a ambos lados del cerebro. El izquierdo aporta la planificación y la dirección, y el derecho aporta la energía y el entusiasmo necesarios para tomar acción.

Quizás tú o alguien que conoces se pasa la vida planificando las cosas pero nunca actúa o quizás sea todo lo contrario y hace las cosas sin dedicar ningún tiempo a pensarlas y planearlas: cualquiera de los extremos es malo y es por eso que tenemos que aprender a encontrar el balance entre ambos lados del cerebro. Sin embargo, como todo en la vida, esto debemos practicarlo para ser cada vez mejores. Cada uno de nosotros tiene tendencia a usar más un lado que el otro del cerebro, y es por esto que algunas personas son mejores con los números en tanto otras son mejores en lo artístico. Es normal que tengamos tendencia a usar más un lado que el otro del cerebro, el problema radica en que no siempre somos conscientes de esta situación. Yo solía dejarme llevar más por el lado derecho de mi cerebro, por lo cual mis decisiones estaban más influenciadas por lo emocional que por lo racional. Como soy más propenso a usar el lado derecho, soy una persona muy creativa; pero con el tiempo he aprendido a darle más oportunidades al lado izquierdo.

Para lograrlo, me tomo un tiempo antes de tomar cualquier decisión; quizás has escuchado la expresión " déjame consultarlo con la almohada", esto significa que tomarás la decisión mañana, después de evaluar racionalmente la situación. Es cierto que no en todos los casos te puedes dar el lujo de dejarlo para mañana, pero por lo menos date unos minutos antes de actuar.

Todas las metas y planes deben tener la misma estructura, sin importar el área de vida a la que pertenezcan. La estructura de un plan debe ser siempre como el acróstico de "Smart" (inteligente): *Specific* (específica), *Measurable* (medible), *Achievable* (alcanzable), *Realistic* (realística), *Timed* (cronometrada).

El siguiente es un ejemplo claro y palpable de una meta *smart*, te lo presento para que tengas una plantilla de cómo deberían ser todas tus metas. Supongamos que quieres perder peso, en tal caso tus metas podrían ser:

Specific (meta específica): perder 20 libras.

Measurable (meta medible): en diez semanas.

Achievable (meta alcanzable): dos libras por semana.

Realistic (meta realística): regresar a mi peso del año pasado.

Timed (meta cronometrada): para el día 26 de mayo de este año.

Entonces debería sonar de esta manera: voy a perder 20 libras para el 26 de mayo, lo que significa que perderé 2 libras por semana durante las siguientes diez semanas, al perder estas libras tendré el mismo peso que tenía un año atrás.

Planificación:

Ejercitaré tres veces por semana -lunes, miércoles y viernes- a las 10 de la mañana, por una hora.

Tomaré la mitad de mi peso en onzas de agua (150 LB / 2= 75 OZ de agua al día).

Comeré seis porciones pequeñas al día incluyendo meriendas saludables.[3]

Esto es solo un ejemplo; cuantos más detalles específicos puedas poner, mucho más fácil será alcanzar tus metas. Como te habrás dado

cuenta, el solo hecho de decir que planeas perder peso no significa nada: ¡no seas parte del 60% que abandona sus resoluciones de principio de año!

Hay casos en que las metas están mucho más distantes, necesitas un plan más elaborado y el tiempo que llevará alcanzarlas es mucho

3 Para descargar una lista gratuita de snacks saludables visita mi sitio web, www.edgarjrodriguez.com/snacks

más largo. Regresando al ejemplo de perder peso, he tenido clientes que quieren perder 10 libras, lo cual es una meta a corto plazo en la mayoría de los casos -con excepción de las personas que están enfermas o tienen ciertas limitaciones que les impiden lograr una pérdida de peso a corto plazo-; y también he tenido clientes que no solo quieren perder 100 libras, sino que necesitan perderlas porque de lo contrario sus vidas están en riesgo. Ahora bien, si la meta es perder 100 libras, sabemos que tomará por lo menos de 12 a 15 meses, y para ser más realistas yo diría de 18 a 24 meses, considerando que una pérdida de peso saludable no debe exceder dos libras por semana. Cuando se trata de metas tan grandes como ésta, yo siempre le propongo a mis clientes dividirla en múltiples metas pequeñas; por ejemplo perder cinco libras en las siguientes cuatro semanas. La razón por la cual hago esto es porque he comprobado que el éxito es el mejor motivador: cuando un cliente alcanza esa primera meta, lo invito a celebrar su logro y así el resultado es una persona más motivada y con mayor confianza en sí misma para poder continuar.

Esa estrategia puede aplicarse a toda clase de metas, sean de largo o corto plazo: debes dividirlas en pequeñas porciones y de esta manera será mucho más fácil alcanzar la meta final. Esto te dará la oportunidad de celebrar cada pequeña victoria: el secreto de tu éxito está en que puedas celebrar cada pequeña victoria, porque son estas celebraciones las que te darán la motivación para continuar.

Hablar de esto me recuerda cuando empecé a escribir este libro. Como la meta era muy ambiciosa, ameritaba un plan adecuado: ¿cuántas personas han intentado escribir un libro pero nunca llegan a hacerlo? Es más, tengo un amigo -Me consta que tiene un material que sería un gran libro- que un día me dijo, cuando yo casi terminaba este libro: "¡Uou, Edgar, ya es una realidad! ¿Cómo lo lograste? Yo no encuentro el camino para escribir el mío". Le respondí lo que le he aconsejado a todos mis clientes: dividirlo en porciones pequeñas y determinar cómo celebrar las pequeñas victorias. Para mí, escribir 250 palabras al día era suficiente. Aunque había días en que escribía más, yo podía celebrar cuando llegara a las 250 palabras.

La celebración no tiene que ser algo grande, en mi caso utilizo un programa de computadora (*Scrivener*) que lo puedes programar para que emita un sonido de campana cuando has alcanzado tu meta. Al escuchar esa campanilla yo sentía regocijo y muchas veces era esa emoción la que me motivaba a continuar.

Los siguientes ejercicios están diseñados con la intención de ayudarte a planear tus metas de manera que puedas lograr y celebrar pequeños objetivos, porque la suma de pequeños logros, son el cimiento de una gran victoria. El cuerpo humano es una creación maravillosa y compleja con capacidades que ni las más modernas computadoras han logrado. Esta maravilla está compuesta por pequeñas células que no podemos ver a simple vista, sin embargo, cuando millones de ellas se juntan tú puedes ver en el espejo el reflejo de tu rostro que es el resultado de la victoria de todas esas células unidas… Recuerda que son tus futuras pequeñas victorias las que te llevarán a la cima.

Área
PERSONAL

LISTA METAS PEQUEÑAS QUE CREES QUE PUEDES ALCANZAR ESTE AÑO EN EL ÁREA PERSONAL.

1	
2	
3	
4	
5	

LISTAR ACCIONES A TOMAR POR CADA META EN EL ÁREA PERSONAL.

META #1	ACCIONES

DESCRIBE CÓMO TE SENTIRÁS CUANDO HAYAS LOGRADO ESTA META.

Área
PERSONAL

LISTAR ACCIONES A TOMAR POR CADA META EN EL ÁREA PERSONAL.

META #2	ACCIONES

DESCRIBE CÓMO TE SENTIRÁS CUANDO HAYAS LOGRADO ESTA META.

Área
PERSONAL

LISTAR ACCIONES A TOMAR POR CADA META EN EL ÁREA PERSONAL.

META #3	ACCIONES

DESCRIBE CÓMO TE SENTIRÁS CUANDO HAYAS LOGRADO ESTA META.

Área
PERSONAL

LISTAR ACCIONES A TOMAR POR CADA META EN EL ÁREA PERSONAL.

META #4	ACCIONES

DESCRIBE CÓMO TE SENTIRÁS CUANDO HAYAS LOGRADO ESTA META.

Área
PERSONAL

LISTAR ACCIONES A TOMAR POR CADA META EN EL ÁREA PERSONAL.

META #5	ACCIONES

DESCRIBE CÓMO TE SENTIRÁS CUANDO HAYAS LOGRADO ESTA META.

Área
ESTADO FÍSICO

LISTA METAS PEQUEÑAS QUE CREES QUE PUEDES ALCANZAR ESTE AÑO EN EL ÁREA ESTADO FÍSICO

1	
2	
3	
4	
5	

LISTAR ACCIONES A TOMAR POR CADA META EN EL ÁREA ESTADO FÍSICO.

META #1	ACCIONES

DESCRIBE CÓMO TE SENTIRÁS CUANDO HAYAS LOGRADO ESTA META.

EJERCICIO

Área
ESTADO FÍSICO

LISTAR ACCIONES A TOMAR POR CADA META EN EL ÁREA ESTADO FÍSICO.

META #2	ACCIONES

DESCRIBE CÓMO TE SENTIRÁS CUANDO HAYAS LOGRADO ESTA META.

Área
ESTADO FÍSICO

LISTAR ACCIONES A TOMAR POR CADA META EN EL ÁREA ESTADO FÍSICO.

META #3	ACCIONES

DESCRIBE CÓMO TE SENTIRÁS CUANDO HAYAS LOGRADO ESTA META.

EJERCICIO

Área
ESTADO FÍSICO

LISTAR ACCIONES A TOMAR POR CADA META EN EL ÁREA ESTADO FÍSICO.

META #4	ACCIONES

DESCRIBE CÓMO TE SENTIRÁS CUANDO HAYAS LOGRADO ESTA META.

Área
ESTADO FÍSICO

LISTAR ACCIONES A TOMAR POR CADA META EN EL ÁREA ESTADO FÍSICO.

META #5	ACCIONES

DESCRIBE CÓMO TE SENTIRÁS CUANDO HAYAS LOGRADO ESTA META.

EJERCICIO

Área
FAMILIAR

LISTA METAS PEQUEÑAS QUE CREES QUE PUEDES ALCANZAR ESTE AÑO EN EL ÁREA FAMILIAR

1	
2	
3	
4	
5	

LISTAR ACCIONES A TOMAR POR CADA META EN EL ÁREA FAMILIAR .

META #1	ACCIONES

DESCRIBE CÓMO TE SENTIRÁS CUANDO HAYAS LOGRADO ESTA META.

Área
FAMILIAR

LISTAR ACCIONES A TOMAR POR CADA META EN EL ÁREA FAMILIAR.

META #2	ACCIONES

DESCRIBE CÓMO TE SENTIRÁS CUANDO HAYAS LOGRADO ESTA META.

EJERCICIO

Área
FAMILIAR

LISTAR ACCIONES A TOMAR POR CADA META EN EL ÁREA FAMILIAR.

META #3	ACCIONES

DESCRIBE CÓMO TE SENTIRÁS CUANDO HAYAS LOGRADO ESTA META.

Área
FAMILIAR

LISTAR ACCIONES A TOMAR POR CADA META EN EL ÁREA FAMILIAR.

META #4	ACCIONES

DESCRIBE CÓMO TE SENTIRÁS CUANDO HAYAS LOGRADO ESTA META.

Área
FAMILIAR

LISTAR ACCIONES A TOMAR POR CADA META EN EL ÁREA FAMILIAR.

META #5	ACCIONES

DESCRIBE CÓMO TE SENTIRÁS CUANDO HAYAS LOGRADO ESTA META.

Área
MENTAL

EJERCICIO

LISTA METAS PEQUEÑAS QUE CREES QUE PUEDES ALCANZAR ESTE AÑO EN EL ÁREA MENTAL.

1	
2	
3	
4	
5	

LISTAR ACCIONES A TOMAR POR CADA META EN EL ÁREA MENTAL.

META #1	ACCIONES

DESCRIBE CÓMO TE SENTIRÁS CUANDO HAYAS LOGRADO ESTA META.

EJERCICIO

Área
MENTAL

LISTAR ACCIONES A TOMAR POR CADA META EN EL ÁREA MENTAL.

META #2	ACCIONES

DESCRIBE CÓMO TE SENTIRÁS CUANDO HAYAS LOGRADO ESTA META.

EJERCICIO

Área
MENTAL

LISTAR ACCIONES A TOMAR POR CADA META EN EL ÁREA MENTAL.

META #3	ACCIONES

DESCRIBE CÓMO TE SENTIRÁS CUANDO HAYAS LOGRADO ESTA METAL.

EJERCICIO

Área
MENTAL

LISTAR ACCIONES A TOMAR POR CADA META EN EL ÁREA MENTAL.

META #4	ACCIONES

DESCRIBE CÓMO TE SENTIRÁS CUANDO HAYAS LOGRADO ESTA METAL.

170

Área
MENTAL

LISTAR ACCIONES A TOMAR POR CADA META EN EL ÁREA MENTAL.

META #5	ACCIONES

DESCRIBE CÓMO TE SENTIRÁS CUANDO HAYAS LOGRADO ESTA METAL.

Área
FINANCIERA

LISTA METAS PEQUEÑAS QUE CREES QUE PUEDES ALCANZAR ESTE AÑO EN EL ÁREA FINANCIERA.

1	
2	
3	
4	
5	

LISTAR ACCIONES A TOMAR POR CADA META EN EL ÁREA FINANCIERA.

META #1	ACCIONES

DESCRIBE CÓMO TE SENTIRÁS CUANDO HAYAS LOGRADO ESTA META.

Área
FINANCIERA

LISTAR ACCIONES A TOMAR POR CADA META EN EL ÁREA FINANCIERA.

META #2	ACCIONES

DESCRIBE CÓMO TE SENTIRÁS CUANDO HAYAS LOGRADO ESTA META.

Área
FINANCIERA

LISTAR ACCIONES A TOMAR POR CADA META EN EL ÁREA FINANCIERA.

META #3	ACCIONES

DESCRIBE CÓMO TE SENTIRÁS CUANDO HAYAS LOGRADO ESTA META.

Área
FINANCIERA

LISTAR ACCIONES A TOMAR POR CADA META EN EL ÁREA FINANCIERA.

META #4	ACCIONES

DESCRIBE CÓMO TE SENTIRÁS CUANDO HAYAS LOGRADO ESTA META.

EJERCICIO

Área
FINANCIERA

LISTAR ACCIONES A TOMAR POR CADA META EN EL ÁREA FINANCIERA.

META #5	ACCIONES

DESCRIBE CÓMO TE SENTIRÁS CUANDO HAYAS LOGRADO ESTA META.

Área
ESPIRITUAL

LISTA METAS PEQUEÑAS QUE CREES QUE PUEDES ALCANZAR ESTE AÑO EN EL ÁREA ESPIRITUAL.

1	
2	
3	
4	
5	

LISTAR ACCIONES A TOMAR POR CADA META EN EL ÁREA ESPIRITUAL.

META #1	ACCIONES

DESCRIBE CÓMO TE SENTIRÁS CUANDO HAYAS LOGRADO ESTA META.

Área
ESPIRITUAL

LISTAR ACCIONES A TOMAR POR CADA META EN EL ÁREA ESPIRITUAL.

META #2	ACCIONES

DESCRIBE CÓMO TE SENTIRÁS CUANDO HAYAS LOGRADO ESTA META.

Área
ESPIRITUAL

LISTAR ACCIONES A TOMAR POR CADA META EN EL ÁREA ESPIRITUAL.

META #3	ACCIONES

DESCRIBE CÓMO TE SENTIRÁS CUANDO HAYAS LOGRADO ESTA META.

Área
ESPIRITUAL

LISTAR ACCIONES A TOMAR POR CADA META EN EL ÁREA ESPIRITUAL.

META #4	ACCIONES

DESCRIBE CÓMO TE SENTIRÁS CUANDO HAYAS LOGRADO ESTA META.

Área
ESPIRITUAL

LISTAR ACCIONES A TOMAR POR CADA META EN EL ÁREA ESPIRITUAL.

META #5	ACCIONES

DESCRIBE CÓMO TE SENTIRÁS CUANDO HAYAS LOGRADO ESTA META.

EJERCICIO

Área
PROFESIONAL

LISTA METAS PEQUEÑAS QUE CREES QUE PUEDES ALCANZAR ESTE AÑO EN EL ÁREA PROFESIONAL.

1	
2	
3	
4	
5	

LISTAR ACCIONES A TOMAR POR CADA META EN EL ÁREA PROFESIONAL.

META #1	ACCIONES

DESCRIBE CÓMO TE SENTIRÁS CUANDO HAYAS LOGRADO ESTA META.

Área
PROFESIONAL

LISTAR ACCIONES A TOMAR POR CADA META EN EL ÁREA PROFESIONAL.

META #2	ACCIONES

DESCRIBE CÓMO TE SENTIRÁS CUANDO HAYAS LOGRADO ESTA META.

Área
PROFESIONAL

LISTAR ACCIONES A TOMAR POR CADA META EN EL ÁREA PROFESIONAL.

META #3	ACCIONES

DESCRIBE CÓMO TE SENTIRÁS CUANDO HAYAS LOGRADO ESTA META.

EJERCICIO

Área
PROFESIONAL

LISTAR ACCIONES A TOMAR POR CADA META EN EL ÁREA PROFESIONAL.

META #4	ACCIONES

DESCRIBE CÓMO TE SENTIRÁS CUANDO HAYAS LOGRADO ESTA META.

Área
PROFESIONAL

LISTAR ACCIONES A TOMAR POR CADA META EN EL ÁREA PROFESIONAL.

META #5	ACCIONES

DESCRIBE CÓMO TE SENTIRÁS CUANDO HAYAS LOGRADO ESTA META.

"La gente se vuelve realmente notable cuando empiezan a pensar que pueden hacer cosas. Cuando creen en si mismos, tienen el primer secreto del éxito"

-Norman Vincent Peale.

NOTAS

DESCUBRE EL PODER QUE HAY DENTRO DE TI

Muchas veces no tenemos ni la más mínima idea de las capacidades que tenemos para alcanzar nuestros sueños. Recuerdo que cuando empecé a escribir no me imaginaba que era capaz de escribir un libro y mucho menos que iba a disfrutar tanto. Sin embargo, a medida que lo fui escribiendo se me fue haciendo más fácil el proceso; al punto de que luego de terminado el primer libro empecé el siguiente. Si me hubieras preguntado un año antes si tenía la capacidad de escribir un libro, me habría muerto de risa: y es que muchas veces desconocemos nuestras propias capacidades porque no hay manera de saber si somos capaces de lograr nuestros objetivos si primero no lo intentamos. Para poder darte cuenta si tienes o no la capacidad de lograr lo que te propones, debes empezar a hacer algo. Si descubres que no tienes todos los conocimientos y destrezas no debes detenerte, porque nadie tiene todos los conocimientos para lograr grandes cosas; lo que sí tienes son recursos internos (mis habilidades y dones) y recursos externos como: amigos, familiares o personas; que puedes llegar hasta a ellos, cuando requieras su apoyo en las áreas que necesite su destreza o habilidad. Una vez más utilizo mi aventura como escritor para que comprendas mejor lo que quiero decirte: hice todo lo que estaba a mi alcance, pero alguien tenía que corregir el libro antes de ser publicado y para esto contraté a Pilar Domingo, de esa manera me he podía concentrar en lo que sí era bueno: en desarrollar todo el proceso del libro y escribirlo.

Es posible que tengas que adquirir ciertos conocimientos para alcanzar tu meta, pero esto no significa que no puedas alcanzarla: sé que cuando no tienes los conocimientos necesarios la tarea parece muy difícil; tanto, que muchas veces parece imposible de lograr. Sin embargo, a medida que adquieres los conocimientos necesarios se empieza a convertir en algo más fácil. Es posible que tú estés pensando "Es muy fácil para ti decirlo, pero la realidad es otra". Este es un pensamiento normal; yo también pensé de esa manera en un momento de mi vida, cuando todo me salía mal. En aquel momento, pensar de esa manera fue mi error más grande y el que empeoró la situación… Mientras más pensaba de esa manera, peor salían las cosas. *"Al toro se le agarra por los cuernos"*; es decir que incluso cuando creemos que no podemos, debemos intentarlo y hacer todo lo que tengamos que hacer para alcanzar nuevas metas.

"Si sigues haciendo lo mismo que hasta hoy, recibirás lo mismo que has estado recibiendo; para obtener nuevos resultados tienes que hacer algo distinto a lo que has estado haciendo hasta el momento".
- Albert Einstein.

Los próximos ejercicios te ayudarán a descubrir las habilidades que ya posees, las que tienes que adquirir y las personas que te pueden ayudar. El ejercicio de listar a las personas que te pueden ayudar es una de las técnicas que mas éxito me ha dado. No debes contarle a todo el mundo tu proyecto; está comprobado que cada vez que se lo cuentas a alguien y recibes una felicitación por tan buena idea tu consciencia empieza a vivir la satisfacción del mismo modo que si ya lo hubieses logrado. Sucede algo semejante a lo que te expliqué en el capítulo de las emociones: el cuerpo no sabe diferenciar entre un pensamiento y la realidad, de esta manera tu cuerpo vivirá la emoción de logro cada vez que alguien te felicite por tan buena idea, y cuando esto haya ocurrido muchas veces se grabará en tu subconsciente como algo ya logrado. Recuerda que todo lo que hacemos tiene como objetivo sentir una emoción específica y si ya estás viviendo la emoción ¿qué sentido tiene hacer realidad esa buena idea que has tenido? Esto le pasa a muchas personas; mi abuela solía decir "los sueños que se cuentan se aguan", lo que significa que los sueños que se cuentan se diluyen. Mi técnica para utilizar esta lista es que solo le cuento mi proyecto a una de las personas en la lista cuando llega el momento en que necesito de su ayuda. Lo hago de esa manera, primero por lo que decía mi abuela, y segundo porque es posible que en el trayecto del proyecto nunca llegues a necesitarle y, como dice mi papá: *"no molestes a los amigos hasta que no sea indispensable su ayuda"*.

"Ser miserable es un hábito; ser feliz es un hábito; y la elección es tuya"

-Tom Hopkins.

LISTAR HABILIDADES QUE YA POSEES PARA LOGRAR TUS METAS

1	
2	
3	
4	
5	
6	
7	
8	
9	
10	

LISTAR HABILIDADES QUE TIENES QUE ADQUIRIR.

1	
2	
3	
4	
5	
6	
7	
8	
9	
10	

Un líder es alguien que busca un sabio consejo de los demás. Becker quien es uno de los principales asesores de seguridad del mundo, en su libro "El valor del miedo", dice que los seres humanos buscamos consejo cuando estamos en lo cierto. ¡Cuando nos equivocamos, tendemos a ser muy tercos y no seguimos el consejo de nadie! La lección aquí es que cuando nos sentimos absolutamente seguros de nuestra posición y no necesitamos orientación de nadie en absoluto, ¡ése es el momento en que más necesitamos un consejo![1]

LISTA LAS PERSONAS QUE TE PUEDEN AYUDAR Y EXPLICA PORQUÉ.

NOMBRE DE LA PERSONA

PORQUÉ

1 Ziglar, Zig (2014-08-06). Born to Win: Find Your Success Code (Kindle Locations 1234-1245). Made for Success Publishing. Kindle Edition.

197

EJERCICIO

LISTA LAS PERSONAS QUE TE PUEDEN AYUDAR Y EXPLICA PORQUÉ

NOMBRE DE LA PERSONA

PORQUÉ

NOMBRE DE LA PERSONA

PORQUÉ

SUPERANDO LOS OBSTÁCULOS

Te garantizo que encontrarás obstáculos en el camino, y cuando esto suceda tendrás dos opciones: la primera, abandonarlo todo; y la segunda buscar la manera de hacerlo funcionar. Hoy día la juventud busca gratificación inmediata, y ante la primera señal de dificultad abandona todo.

Los obstáculos aparecen en todas las áreas de la vida, y son la razón principal de los divorcios, la obesidad y la insatisfacción en general; en la misma medida en que aprendas a superar tus obstáculos serás exitoso en todo lo que te propongas.

Siempre tendrás que tomar riesgos; de algunos te podrás escapar pero de otros no. Debes aprender a no basar tus acciones en el miedo, y cuando caigas debes aprender a levantarte: recuerda que no se mide a un hombre o a una mujer por las veces que ha caído, más bien se le mide por las veces que se ha levantado. Los que nunca han caído corren más riesgo de fracasar que los que se han tenido que levantar muchas veces: no dejes que los obstáculos de tu vida te impidan realizar tus sueños.

LISTA LOS OBSTÁCULOS Y RIESGOS QUE PUEDES ENCONTRAR EN EL CAMINO

1	
2	
3	
4	
5	
6	
7	
8	
9	
10	

EJERCICIO

"No puedes parar las olas, pero puedes aprender a surfear"

-Jon Kabat-Zinn.

NOTAS

EL MEDIDOR

Si un piloto -en medio de un vuelo- mira por la ventanilla del avión, no puede determinar la velocidad a que está viajando, porque no tiene nada que le indique a qué velocidad se mueve el avión. En tu automóvil puedes utilizar como indicadores los árboles o cualquier objeto que esté inmóvil, pero el piloto no tiene ninguno de esos indicadores en las nubes, y es por eso que depende de sus instrumentos para saber la velocidad a que viaja el avión. De la misma manera, tú debes encontrar cómo medir cuánto has avanzado en tu vuelo hacia tus metas. Por ejemplo, si quieres perder de peso necesitas tomar todas las medidas de tu cuerpo y saber cuánto pesas antes de empezar tu rutina de ejercicios; luego debes cambiar tu dieta alimenticia, de esta manera en un mes puedes medirte de nuevo y darte cuenta de cuánto has avanzado. En este caso, si dependes solo de la balanza es posible que no veas el progreso, porque cuando ejercites no solo perderás grasa corporal sino que también adquirirás masa muscular. Y no es que el músculo pese más que la grasa -esto parece tonto pero lo he escuchado miles de veces-; una libra de grasa y una libra de músculo pesan lo mismo, la diferencia está en el espacio que ocupan: es por esto que necesitas medirte, porque es posible que pierdas 5 libras de grasa y aumentes 3 libras de músculo, lo que hará que la balanza muestre una pérdida de peso de 2 libras, pero si te tomas las medidas éstas te permitirán tener una noción más precisa y clara de tu progreso.

No hay mejor motivador que el progreso, que el saber que estamos un poco más cerca de nuestra meta, es por esto que es tan importante determinar cómo piensas medir tu progreso en cada una de las metas que te has propuesto.[1]

---

1 Por cuestión de espacio te he dado media página por área para tus anotaciones, de necesitar más puedes utilizar papel adicional y graparlo al libro.

ÁREA PERSONAL

¿CÓMO PIENSAS MEDIR TU PROGRESO?

1	
2	
3	
4	
5	
6	
7	
8	
9	
10	

ÁREA FAMILIAR

¿CÓMO PIENSAS MEDIR TU PROGRESO?

1	
2	
3	
4	
5	
6	
7	
8	
9	
10	

ÁREA ESTADO FÍSICO
¿CÓMO PIENSAS MEDIR TU PROGRESO?

1	
2	
3	
4	
5	
6	
7	
8	
9	
10	

ÁREA MENTAL y/o EMOCIONAL
¿CÓMO PIENSAS MEDIR TU PROGRESO?

1	
2	
3	
4	
5	
6	
7	
8	
9	
10	

ÁREA FINANCIERA
¿CÓMO PIENSAS MEDIR TU PROGRESO?

1	
2	
3	
4	
5	
6	
7	
8	
9	
10	

ÁREA ESPIRITUAL
¿CÓMO PIENSAS MEDIR TU PROGRESO?

1	
2	
3	
4	
5	
6	
7	
8	
9	
10	

ÁREA PROFESIONAL
¿CÓMO PIENSAS MEDIR TU PROGRESO?

1	
2	
3	
4	
5	
6	
7	
8	
9	
10	

" Es mejor haberlo intentado y fracasado que no haberlo intentado del todo y quedarse con la duda de lo que pudo ser"

NOTAS

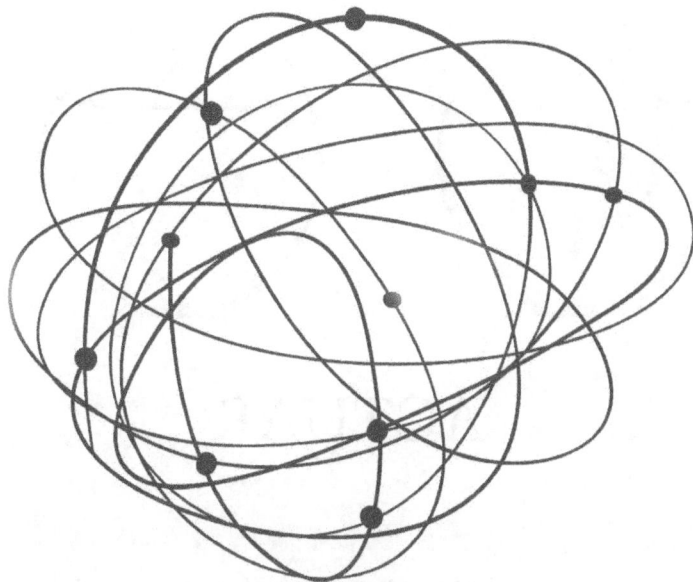

ACTUAR

Cuarta Etapa

ACTUAR

*"Usted no tiene que ser genial para empezar, pero
usted tiene que empezar para ser genial"*
- Joe Sabah

Diría mi padre: "este es el momento en que se diferencian los hombres de los niños". Hasta el momento has soñado y planeado, pero llegó el momento de actuar y muchas veces este es el momento más difícil, porque tienes que poner en práctica todo lo que escribiste, ahora debes convertir lo escrito en una realidad. Es en este momento en que el miedo nos invade; es posible que en el pasado hayas tenido experiencias negativas y hayas fracasado en algunos proyectos, lo que hace que te sientas nervioso al momento de actuar. ¡En esto te entiendo más de lo que puedes imaginar! Cuando me mudé a Estados Unidos nada salió como lo había planeado, todo lo contrario, esto hizo que empezara a tener miedo de actuar aunque estuviera seguro de que tenía una buena idea. Fue ese miedo el que me tuvo prisionero por muchos años: es increíble cómo ciertos eventos nos pueden cambiar de tal manera que ni nosotros mismos nos podemos reconocer. Antes de mudarme a Estados Unidos, mi familia y mis amigos me admiraban por mi capacidad de tomar riesgos y por mis agallas cuando de asumir decisiones se trataba, sin embargo llegó un momento en que me encontré emocionalmente escondido en un rincón, temeroso y asustado. Pero un día dije "ya basta, no más", y fue a partir de ese instante cuando -hastiado y cansado de los resultados que estaba obteniendo- pude salir adelante. Es que si sigues haciendo lo mismo seguirás obteniendo los mismos resultados: para lograr un cambio real e importante en tu vida, tienes que hacer algo distinto a lo que has estado haciendo hasta el momento, algo nuevo significa que tendrás que cambiar y los cambios producen incertidumbre, la incertidumbre produce duda y ésta, a su vez, provoca miedo.

Ahora puedes comprender que la limitación más grande es el miedo, y es también una de las emociones más importantes, pero como te dije en el capítulo "El poder de las emociones", el miedo es como una habitación oscura y el amor es la luz, inmediatamente que enciendes la luz ya no hay más oscuridad. El amor es lo opuesto del miedo, utiliza estas palabras como inspiración. Si alguna vez has tenido un programa de ejercicios o un deporte en equipo, debes haber tenido algún día en que no querías ir; pero una vez tomada la decisión de ir a pesar de no tener ganas, empiezas a sentirte entusiasmado y alegre de estar ahí. O quizás te haya sucedido que te invitaron a una fiesta o a una reunión de amigos pero llegada la hora de ir no tenías deseos de asistir, no obstante te decidiste -o tus amigos te obligaron-, y terminaste yendo; una vez en la fiesta resulta que te divertiste como nunca antes. Esto es lo mismo que sucede cuando tienes miedo a actuar; si decides dar el paso -aunque emocionalmente no quieras hacerlo por temor-, a medida que alcances tus metas te irás sintiendo mejor y más seguro de ti mismo.

Cuando trabajo con clientes en mi práctica como *life coach*, utilizo lo que llamamos en el ámbito de la profesión *Ongoing Coaching Session Checklist*. Ésta es una lista de preguntas y acciones que se utiliza a partir de la segunda cita, esta lista tiene como objetivo que el *coach* siga ciertos pasos que son necesarios para una buena consulta. La lista de verificación ha sido diseñada tomando en cuenta las tendencias emocionales del ser humano, como la de concentrarse en las cosas negativas más que en las positivas; por esta razón la lista de verificación formula las preguntas de una manera que resalta las emociones positivas. Por ejemplo, cuando le pregunto a mis clientes cómo les fue la semana pasada con sus metas, les formulo la pregunta de la siguiente manera: "¿Por qué no me cuentas cómo te fue esta semana con tus metas, empezando por algo positivo?" Si no especifico "empezando por algo positivo", el cliente -sin importar cuánto haya progresado en las metas de esa semana- empezará a contarme lo que no pudo lograr; o sea, lo negativo. Otra de las tendencias que tenemos es la de tratar de cambiar todo de una sola vez y no dedicar suficiente tiempo a cada cambio hasta que se convierta en un hábito.

Tres pasos para lograr cambios grandes y permanentes en tu vida.

Busca los puntos brillantes.

Los puntos brillantes son las cosas positivas y los logros en tu vida. Si prometiste que irías al gimnasio una hora tres veces por semana, pero esta semana fuiste dos veces por una hora y una vez por media hora, un punto brillante es que fuiste tres veces como prometiste: no cometas el error de concentrarte en la media hora que faltó. Esto último sucede mucho cuando alguien está llevando una dieta. Supongamos que se le presenta una fiesta de la empresa a la que no puede dejar de asistir. Después de una semana comiendo adecuadamente la persona -que ama los pasteles- cede a la tentación y se come un pedazo de pastel de chocolate; luego de comerlo solo se puede concentrar en lo negativo de la situación y la expresión más común es "acabo de perder toda una semana de mi dieta", lo cual no es cierto, es un pensamiento desproporcionado en relación con la realidad, pero este pensamiento genera una emoción tan fuerte que muchas personas abandonan la dieta por completo porque ya no vale la pena continuar después de ese fracaso. Sin embargo, la realidad es que es posible que aún habiendo comido el pastel, esta persona no haya superado la cantidad de calorías que podía ingerir en ese día, y aunque así fuera no ha fracasado, esto no es más que un tropiezo. Si la persona se concentra en el tropiezo es posible que pierda todo lo que ha logrado hasta el momento, pero si por el contrario se concentra en los puntos brillantes de esa semana y los emula la semana siguiente, estará más cerca de su meta.

Sin importar cuántas veces nos hayamos equivocado, es cierto que todos hemos tenido logros en la vida en una área u otra, entonces es importante recordar esos logros para repetirnos más a menudo las cosas que hicimos bien y que funcionaron.

Hacer un cambio a la vez.

Cuando decidimos hacer cambios, muchas veces queremos cambiar todo a la vez; este es uno de los errores más grandes que he visto. En el momento en que la persona encuentra la motivación para hacer un cambio, no quiere perder la oportunidad de aprovechar esa motivación y pretende cambiar todo en un solo impulso.

Se hizo un estudio al que invitaron a dos grupos de estudiantes universitarios a participar, se les pidió que no comieran durante las tres horas antes del estudio. Cuando llegaron, entraron a una habitación que olía a galletas de chocolate recién horneadas, al sentarse les pusieron enfrente un plato lleno de galletas de chocolate recién horneadas y otro plato lleno de rábanos. A los estudiantes del primer grupo les dijeron que comieran todas las galletas que quisieran, pero que no comieran rábanos, y al segundo grupo le indicaron que comiera rábanos pero no galletas. Luego invitaron a los dos grupos a pasar a otra habitación en la cual se les presentó una serie de problemas que —en realidad— eran imposibles de resolver. El objetivo del estudio era otro y los estudiantes no lo sabían. El resultado de esta prueba es sorprendente y lo quiero utilizar para demostrar mi punto de vista acerca de tratar de hacer muchos cambios a la vez: los estudiantes que no tuvieron que resistir la tentación de comer las galletas de chocolate intentaron resolver el problema durante diecinueve minutos en promedio, intentándolo unas treinta y cuatro veces; en cambio los que tuvieron que resistir la tentación de comer galletas, solo lo intentaron durante ocho minutos, tratando unas diecinueve veces. Sé que este resultado parece sorprendente, pero la fuerza de voluntad es como una energía que se agota, algo así como cuando hacemos levantamiento de pesas: la primera repetición es muy fácil, pero a medida que hacemos más repeticiones los músculos se van cansando hasta el punto en que no podemos más. Esto no quiere decir que podemos excusarnos en que la fuerza de voluntad se nos agotó, porque ese no es el caso. Trata de recordar alguna vez cuando has estado haciendo algo, armando un juguete por ejemplo, y no encontrabas la forma de completarlo: llega un momento en que por más que lo intentes no lo puedes lograr; sin embargo, debería ser fácil porque es un juguete hecho para niños. Es definitivamente frustrante, pero si descansas un rato y luego lo vuelves a intentar, como por arte de magia lo logras. En este último intento has trabajado sobre todo con el lado izquierdo de tu cerebro, que es el que hace todos los cálculos y toma las decisiones de cómo armar el juguete. Sin embargo, el lado izquierdo -en relación al derecho- es mucho más débil. Así que si el hemisferio derecho está muy emocionado y entusiasmado con hacer todos los cambios de una vez, no te dejes llevar por esas emociones ya que el lado izquierdo de tu cerebro no podrá llevar ese ritmo y, como los estudiantes que no comieron galletas de chocolate, abandonarás los cambios antes de que se conviertan en un hábito.[1]

Convertir ese cambio en un hábito.

Para convertir los cambios en hábitos está comprobado que debes repetirlos por lo menos durante seis semanas, aunque en mi experiencia yo diría unas ocho semanas. Para esto no existe un número que se pueda decir "este es y ya", pero lo que sí es cierto es que mientras más hagas algo, más fácil será seguir haciéndolo.

---

1 Heath, Chip; Heath, Dan (2010-02-10). Switch: How to Change Things When Change Is Hard (pp. 10-12). Crown Religion/Business/Forum. Kindle Edition.

NOTAS

4.0.1 EJERCICIO
CELEBRANDO VICTORIAS

Cada vez que logremos algo, sin importar lo pequeño que haya sido el progreso, debemos celebrar; son estas celebraciones las que te motivarán para continuar.

NOTAS

DEFINIR CÓMO CELEBRAR CADA VICTORIA SIN IMPORTAR LO PEQUEÑA QUE SEA.

VICTORIA	CELEBRAR

VICTORIA	CELEBRAR

VICTORIA	CELEBRAR

DEFINIR CÓMO CELEBRAR CADA VICTORIA SIN IMPORTAR LO PEQUEÑA QUE SEA.

VICTORIA	CELEBRAR

VICTORIA	CELEBRAR

VICTORIA	CELEBRAR

DEFINIR CÓMO CELEBRAR CADA VICTORIA SIN IMPORTAR LO PEQUEÑA QUE SEA.

VICTORIA	CELEBRAR

VICTORIA	CELEBRAR

VICTORIA	CELEBRAR

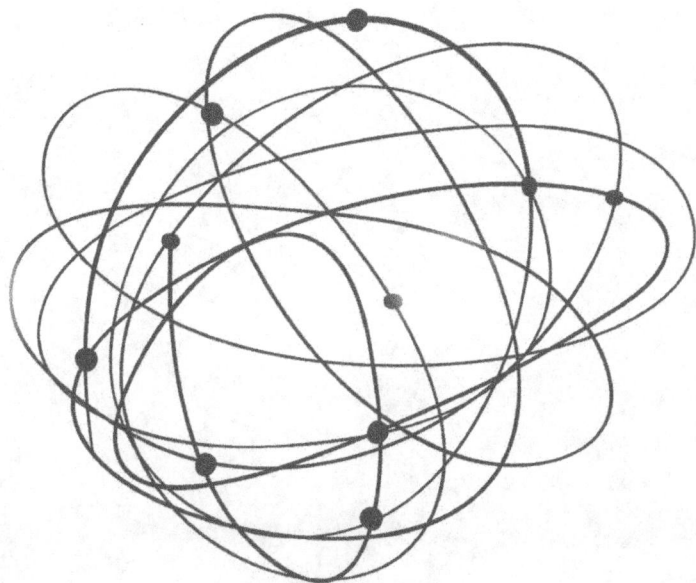

CREER

Quinta Etapa

Pon en manos del Dios todas tus obras,

y tus proyectos se cumplirán.

Proverbios 16:3

NOTAS

CREER

"Si hay esperanza en el futuro, hay poder en el presente."
- Dr. John Maxwell

Recuerda que lo único que podemos controlar es el presente, como te dije en el capítulo *"El plan"*, planear es tomar control del futuro en el presente, porque lo que hagas hoy determinará los resultados que tendrás mañana.

Muchos dicen que están buscando la felicidad, pero la realidad es que la mayoría de las personas lo que están haciendo es huir del dolor con la esperanza de que serán felices sin dolor. ¿Cómo saber a qué grupo de personas perteneces? El primer grupo son las personas que están persiguiendo la felicidad, todos ellos tienen algo en común y es que están siempre dispuestos a tomar riesgos. Si alguna vez has estado enamorado recordarás que eras capaz de hacer cualquier cosa para ver a la persona amada; estabas dispuesto a tomar riesgos, esto lo podemos ver hasta en las películas: cuando alguien está enamorado es capaz de cosas increíbles. Pero la mayoría de las personas, especialmente los adultos, no están dispuestos a tomar riesgos o, como dicen: mientras más viejo, más temeroso. Es por esta razón que las fuerzas armadas eligen jóvenes para ir a la guerra; porque ellos están dispuestos a tomar más riesgos, parecería que creen ser inmortales y que nada les sucederá sin importar lo que hagan. Por el contrario, mientras más adulto o mayor es el individuo, menos dispuesto está a tomar riesgos; a esto le llaman madurez y tienen razón, sin embargo también tiene otro nombre: miedo. Es que cuanto mayor seas, más experiencias habrás vivido y muchas de ellas habrán sido negativas. Puedes haberlas vivido tú o es posible que las hayas visto en otros, de

igual forma no quieres volver a vivir esas experiencias negativas y es por esto que las evitas, lo que por su parte te hace tratar de huir del dolor que te puede causar vivirlas de nuevo: es por esto que terminas siendo parte del segundo grupo, el que esta escapando del dolor.

¿Qué podemos hacer para alcanzar la felicidad y dejar de huir del dolor? La respuesta es simple: hacer lo que hace el primer grupo de personas que describí en este capítulo; perseguir la felicidad, lo cual nos lleva a tomar riesgos. Mientras más te concentres en lo que no quieres, más recibirás de lo que no quieres y mientras más te concentres en lo que quieres, más recibirás de lo que quieres… Es simple: recibirás más de aquello en lo que te concentres, sea bueno o malo. Como dice la ley de Murphy: *Cualquier cosa que pueda salir mal, saldrá mal*; no hay algo más cierto que esto. Si piensas que algo malo pasará, te garantizo que tienes razón porque algo malo pasará. Supongamos que tienes una presentación y te concentras en que algo no va a salir bien, te garantizo que algo saldrá mal; sin embargo, si te concentras en lo positivo recibirás más cosas buenas. Dicho en otras palabras: aquello en lo que te concentres determinará el resultado que obtengas. Recuerda que las cosas no pasan por arte de magia y yo, particularmente, no creo que si cierras los ojos y te concentras en pensar en un carro deportivo el carro aparecerá como por arte de magia frente a tus ojos -y si apareciera te juro que saldría corriendo porque algo no está bien, además sería muy difícil sacar el carro de mi sala-, pero lo que sí es cierto es que recibirás más de aquello en lo que enfoques tus pensamientos y emociones.

Todo lo he dicho con total convicción, pero ¿qué sucede cuando, a pesar de todo esto hay un día en que te despiertas, no te sientes tan optimista y de repente sientes que perseguir ese objetivo tan grande es imposible y que no tienes fuerzas para continuar? Recuerdo un día en que me tenía que reunir con un amigo en el gimnasio y llegó unos treinta minutos tarde; mientras lo esperaba me recordaba a mí mismo las pocas ganas de ejercitar que tenía ese día. Cuando llegó, lo primero que me dijo fue "No podemos correr porque dejé mis tenis de correr: ¿por qué mejor no lo dejamos para mañana?", a lo que respondí "¡Estás loco! Yo tengo media hora esperando, tenemos que hacer ejercicio"; para acortar la historia, ejercitamos por una hora y media, o sea que logramos nuestro objetivo a pesar de que ninguno de los dos quería hacer ejercicio ese día. Es inevitable que tengas días en que no quieres hacer nada, y por eso te recomiendo que tengas amigos que sepan cuáles son tus metas para que -en esos momentos de debilidad- los puedas llamar: porque uno al otro se pueden motivar para alcanzar metas que para uno solo le sería mas difícil. Otra lección que puedes aprender del ejemplo anterior es que aunque no tengas el deseo de hacer algo debes empezar igual, porque en la medida que avances hay muchas posibilidades de que continúes hasta que termines y el sentimiento de logro te hará sentir muy bien.

¿Cómo podemos concentrarnos en que todo saldrá bien cuando hemos vivido momentos de mucha dificultad? Éste es el punto más delicado, y quizás el más controversial que tocaré en este libro, sobre todo porque este material lo ofrezco en charlas que imparto en compañías en Estados Unidos y, respetando cada una de sus creencias, no puedo hablar de religión sin abandonar una posición neutral al respecto, quiero que abras tu mente y tu corazón porque mi intención no es darte una charla religiosa -no tengo nada en contra de ninguna religión, al contrario, entiendo y respeto el beneficio de pertenecer a una-; de lo que te quiero hablar es de la espiritualidad que, a diferencia de la religión que es una expresión externa y grupal, es una expresión interna y personal. La espiritualidad es parte de todo ser humano: de igual forma que nos deshidratamos si no tomamos agua, si no alimentamos nuestra espiritualidad nos debilitaremos al punto de perder toda esperanza en un futuro que ofrezca una vida de felicidad y regocijo.

Esperanza y fe significan creer en algo que no podemos ver, y si no tenemos esperanza ¿cómo vamos a poder planear algo en el futuro? Nadie tiene una bola de cristal mágica para ver el futuro, es por esto que para tener la capacidad de planear hay que tener esperanza y fe en que las cosas que hoy no podemos

ver, se materializarán; la esperanza es una capacidad que solo poseen los seres humanos, y es la que nos permite -sin importar la situación o calamidad en que nos encontramos- visualizar un futuro mejor, lo contrario a la esperanza es la depresión y la parálisis emocional. Mientras más esperanzado estés, más capacitado estarás para ver y descubrir nuevas oportunidades en la vida. Te habrás preguntado cómo es posible que cuando empiezas un proyecto en el cual tienes muchas esperanzas, como por arte de magia, las oportunidades empiezan a aparecer en tu camino, y de la misma forma aparecen personas y recursos para completar tu proyecto; la verdad es que muchas veces las oportunidades están ahí pero si no tenemos fe o esperanza no las podemos ver.

Hay muchas posibilidades de que después determinar de completar todo el libro sigas preocupado por la realidad que estás viviendo hoy, porque sin importar cuánto sueñes y planees un futuro perfecto, hoy estás viviendo una realidad que quizás no es tan deseable como quisieras. Preocuparte no va a resolver nada, al contrario, mientras más te preocupes menos creativo serás y si las cosas no están como tú quieres entonces lo que más necesitas en este momento es creatividad para planear un futuro que refleje la vida que tú quieres vivir. Te propongo que tengas fe y esperanza, para despreocuparte y empezar a crecer.

¿Quién soy yo?

Edgar J. Rodríguez

¿Quién soy yo?

Llegó mi turno de responder esta pregunta, pero en esta ocasión no para descubrir quién soy sino para que tú sepas quién es Edgar J. Rodríguez. Antes de hacer una lista de certificaciones que me avalan como profesional, quiero que me conozcas como ser humano, como hombre, padre, esposo y amigo, con mis fortalezas y debilidades, como alguien que podría ser tu vecino, o tu compañero de trabajo o escuela… Es que -aunque no lo creas- soy de carne y hueso, y padezco de los mismos males que te agobian a ti; y justamente es eso lo que realmente me acredita para escribir este libro. La mayor parte de mi historia está desplegada entre este libro y el libro de texto, así que queda poco qué contar.

Para mí, es sumamente importante que sepas que he puesto mi mente y mi corazón en el desarrollo de este proyecto, como una manera de dejar una huella en la arena que sirva como guía para aquellos que vienen detrás, en el proceso de descubrir sus deseos, pasiones y capacidades para alcanzar la vida de sus sueños.

"Cuando ya no pude más, fue cuando más logré"
- Edgar J. Rodríguez

Espero que esta jornada no sea la última que compartamos juntos, hay mucho por hacer y muchas personas por alcanzar, así que si este material ha sido de ayuda para ti, no te quedes callado: es tu derecho y tu deber informar a todo el que consideres que necesita de este material, debes ayudar a otros a encontrar el camino a la felicidad y es por eso que te invito a compartir con otros la existencia de este libro.

Por otra parte, la jornada no termina aquí, puedes compartir conmigo a través de mi blog y de mi página web, así como a través de las redes sociales. Espero tener noticias tuyas muy pronto, no hay una manera más impactante de influenciar y ayudar a otros que compartiendo tus experiencias: te invito a compartir cómo este libro ha influenciado tu vida.

CONCLUSIÓN

Hemos llegado al final y espero que hayas descubierto cosas nuevas sobre ti, o quizás cosas no tan nuevas… pero al menos rasgos, sueños e ilusiones que estaban dormidos. Muchos de los conceptos que utilicé no son nuevos para ti, pero la diferencia está en la manera en que he diseñado todo el sistema del libro: el hecho que hayas terminado de completar el libro sólo significa que debes empezar a actuar hasta alcanzar tu sueños. Sin embargo, la realidad es que nunca terminarás de completar este libro; es indispensable que lo revises cada tres meses o por lo menos cada seis meses. Pongo mucho énfasis en esta recomendación porque en la medida que progreses en tus metas, tendrás que hacer ajustes; y es posible que tengas que hacer cambios radicales. Todo proyecto evoluciona como si tuviera vida propia; es como salir en un viaje largo en automóvil: no importa cuánto lo planees, siempre tendrás que hacer ajustes en el camino.

Quiero darte las gracias por elegirme como tu coach, es un honor poder ser parte de la transformación que experimentarás en tu vida.

"Si yo pude, tú también"

EXTRAS

NOTAS

A medida que escribía me surgían más y más ideas, pero si incluía todo en este libro entonces se perdería el formato que he creado y utilizo en mis charlas. Recuerda que utilizo este libro como material de trabajo en mis seminarios, por esta razón todos los materiales adicionales que he creado los encontrarás en mi página de internet; te invito a descargarlos totalmente gratis, como una manera de darte las gracias.

Facebook.
https://www.facebook.com/elpoderdeunavidabalanceada

Twitter.
https://twitter.com/edgarjrodri

Feedburner.
http://feeds.feedburner.com/EdgarJRodriguez

Página web:
www.edgarjrodriguez.com

info@edgarjrodriguez.com

www.ingramcontent.com/pod-product-compliance
Lightning Source LLC
LaVergne TN
LVHW061304060426
835513LV00013B/1240